I0825474

Elogios para Desenfreno

Desenfreno guía suavemente a los lectores a través de las garras de pensamientos intrusivos que muchos padres experimentan en silencio. Con honestidad y compasión, enseña la realidad de ser una madre o un padre con TOC, reduciendo la vergüenza que viene con él, y ofreciendo herramientas esenciales que pueden ayudar. Este libro habla de las dificultades que muchos padres guardan en secreto y proporciona una manera de romper los patrones de pensamiento debilitantes con el fin de aceptar más plenamente la imprevisibilidad y el hermoso caos de la crianza de los hijos.

—Jodi Pawluski, PhD, Neurocientífica, Terapeuta de salud mental perinatal, Autora de *Mommy Brain*

Desenfreno ofrece una guía compasiva y profundamente tranquilizadora para los padres nuevos y futuros que navegan por la experiencia aterradora y abrumadora de los pensamientos intrusivos y el TOC posparto. Con comprensión, claridad y autenticidad, Karen Kleiman y Noah Suzuki ofrecen suave empatía a los lectores mientras se dan cuenta de que no están solos y que los pensamientos de miedo no definen quiénes son como padres. Este libro es un salvavidas lleno de sabiduría, validación y orientación práctica que ayuda a los padres nuevos y futuros a salir de la vergüenza y el miedo hacia la autocompasión y la esperanza.

—Paige Bellenbaum, LCSW Especialista en Salud Mental Perinatal, Profesora adjunta, Silberman School of Social Work

Editado por Familius LLC, www.familius.com
PO Box 1130, Sanger (California), CA 93657

Los libros Familius disponen de descuentos especiales en las compras al por mayor, tanto para promociones comerciales como para uso familiar o corporativo. Si desea más información, póngase en contacto con el departamento de Ventas de Familius en la siguiente dirección: orders@familius.com.

Número de control de la Biblioteca del Congreso: 2026935704

ISBN (edición impresa): 9798893962062
ISBN (edición electrónica): 9798893962109

Impreso en China

Diseño cubierta: Brooke Jorden
Diseño libro: Mara Harris
Traducido por Cálamo y Cran
Editado por Elisha Fernandez

10 9 8 7 6 5 4 3 2 1

Primera edición

DESENFRENO

EL TOC Y LOS PENSAMIENTOS INTRUSIVOS DESPUÉS DE DAR A LUZ

Guía experta para padres primerizos

KAREN KLEIMAN, MSW
Y NOAH SUZUKI, LPC
ILUSTRACIONES DE MOLLY MCINTYRE

Índice

Nota del autor

Cuando Melanie tenía seis meses, dejaba de respirar si se alteraba, llegando incluso a ponerse azul, lo que me hacía entrar en pánico absoluto. Observamos que con un suave soplido en el rostro, reaccionaba y volvía a respirar.

A los dos años comenzó a reprimir ciertos comportamientos y ponía resistencia a funciones corporales que suelen considerarse normales para el desarrollo. Simplemente no se relajaba.

A los tres años, cuando empezó el preescolar, de repente dejó de hablar fuera de casa. Nuestra pequeña tan precoz y parlanchina se quedaba en silencio en ese nuevo entorno, lo que, durante cuatro años, nos llevó a una cruzada de intervenciones de ensayo-error, a las que se sumaban mis propios intentos desesperados por desbloquear lo que la estuviera frenando.

Pronto descubriría que lo que estábamos viendo era solo el comienzo de una montaña de ansiedades.

A medida que Melanie crecía y se convertía en la persona adorable que es, me convencí de que estaba superando sus problemas de ansiedad. Tenía un montón de amigos y excelentes resultados en el colegio, y todo parecía indicar que se estaba adaptando. Sin embargo, fue al entrar en la universidad cuando me di cuenta de las grandes batallas que había estado librando durante todo ese tiempo. A una madre le cuesta enormemente reconocerlo, sobre todo a una que se enorgullece de mantenerse en sintonía y en estado de consciencia. Pero Melanie había adquirido un gran dominio en el arte de disimular su verdadero sufrimiento.

Hasta que ya no pudo seguir haciéndolo.

Cuando su padre y yo quisimos saber más, descubrimos que su cerebro ansioso había estado ensañándose con ella todos esos años. Lo que interpretábamos como problemas de autoestima («Soy un desastre») o ansiedad social («¿Les caeré bien?», «¿Lo habré hecho bien?») era, en realidad, el mecanismo implacable de una voz crítica interior que no le daba tregua. Melanie creía, sin la menor duda, cada uno de los pensamientos negativos intrusivos que le venían a la mente. Tenía las manos en carne viva por lavárselas demasiado. Controlaba su alimentación con reglas estrictas que se imponía a sí misma. Su vida social giraba en torno a si creía que podría enfermar o verse expuesta a gérmenes. Se tomaba la temperatura cada hora. Si alguien le daba un abrazo de más, tenía que volver a estrechar a esa persona para que el número de abrazos fuera impar. Y antes de llevarse cualquier cosa a la boca preguntaba por la fecha de caducidad.

Cada vez nos hacía más partícipes de sus meticulosos rituales, lo que nos alertó sobre el control irracional, pero férreo, que el trastorno obsesivo-compulsivo (TOC) tenía sobre su vida diaria.

Mientras ella seguía luchando contra sus demonios, nuestro modo de comprender el problema cambió cuando reconocimos el carácter obsesivo y compulsivo de sus pensamientos y comportamientos. Durante su paso por la universidad, Melanie encontró un terapeuta y comenzó el largo proceso de hacerse amiga de su TOC, es decir, de aprender a convivir con él, en lugar de dejarse dominar por él. Pero había una pregunta que no podía sacarme de la cabeza:

¿Cómo se manifestaría este trastorno si llegaba a ser madre?

Con el transcurso de los años, Melanie se convirtió en madre de dos niños preciosos y llenos de energía que la mantienen atareada, entretenida y con los cinco sentidos siempre activados. Ha encontrado la manera de integrar el TOC en su vida. Ha aprendido a sobrellevarlo desafiando algunas de sus propias reglas y respetando otras. Se podría afirmar que es perfectamente capaz de convivir con su TOC. Y lo digo con admiración y comprensión, pues sé que, aunque lo sobrelleva con enorme fortaleza, supone un gran esfuerzo día tras día.

Pero ha aprendido a mantenerlo a raya. Ha asimilado que es una madre maravillosa, y que puede ser una buena mamá y, al mismo tiempo, una mamá ansiosa. Entiende que puede cometer errores, aprender sobre la marcha y seguir afrontando sus retos con autocompasión y una mente abierta.

Melanie no está sola. Y tú tampoco lo estás. Hay miles de mamás que afrontan problemas de este tipo. Si eres madre primeriza y estás experimentando TOC, sé que tú también puedes encontrar un lugar para tu TOC, un lugar que tenga menos cabida para la vergüenza y las restricciones y más espacio para estar en conexión con tu bebé.

Por su experiencia de vida, Melanie aceptó la gran responsabilidad de leer este libro y, con su especial sensibilidad, revisó cada página pensando en ti, asegurándose de que nada en su contenido fuera inexacto o engañoso ni resultara, aun de forma bien intencionada, estigmatizante. Corrigió, cuestionó, descartó, comprobó y volvió a comprobar hasta el más mínimo detalle. Sobra decir que su contribución ha sido decisiva para garantizar la autenticidad de esta obra.

Por eso le damos las gracias.

Y dedicamos un asentimiento cómplice al TOC que marcó su camino.

—Karen Kleiman

Introducción

Antes de empezar a leer

Tener un hijo es un acontecimiento emocionante que te cambia la vida y te inunda de estrés. Por un lado, la alegría y la sobrecarga emocional son previsibles, pero la cantidad de ansiedad que conlleva tener un bebé puede tomar por sorpresa a los padres novatos. Los altos niveles de ansiedad, aunque son habituales, pueden resultar perturbadores, emocionalmente agotadores y del todo incompatibles con las tareas de los padres primerizos. En *Las buenas mamás tienen pensamientos aterradores*, ilustramos y analizamos cómo la ansiedad intensa puede manifestarse en forma de pensamientos aterradores e intrusivos: pensamientos negativos que surgen de la nada, te hacen sentir que has cometido un error o que va a suceder algo terrible, y te llevan incluso a preguntarte cómo se te ocurrió la maravillosa idea de tener este bebé. A todo el mundo le asalta este tipo de pensamientos no deseados que aparecen y desaparecen de la mente. Forman parte del funcionamiento normal del cerebro.

Pero, ¿y si esos pensamientos desagradables e intrusivos empiezan a dominar tu vida? ¿Y si sugieren respuestas y comportamientos que parecen imposibles de controlar? **La ansiedad después de dar a luz es normal. Tener TOC y tener un bebé son cosas completamente distintas**. Para las personas con TOC, la ansiedad viene acompañada de pensamientos intrusivos persistentes (obsesiones) y comportamientos repetitivos (compulsiones). En este libro nos centramos en el TOC y la ansiedad posparto, que pueden aparecer por primera vez después del nacimiento de un bebé, o manifestarse como recaída o deterioro de una afección preexistente.

Durante el período perinatal, todos los padres novatos se enfrentan a una incertidumbre constante y a nuevas responsabilidades, que los lleva a preguntarse: *«¿Esto qué es?, ¿intuición o ansiedad?»*. La ansiedad es algo omnipresente. Si el hecho de que todos los padres primerizos sientan ansiedad es previsible, ¿cómo puede uno saber cuándo es demasiado? Podemos ilustrarlo con el comportamiento de comprobación, como cuando, por ejemplo, comprobamos si el recién nacido está durmiendo o si respira. Como progenitor novato con mil preocupaciones que te traen de cabeza, sientes la necesidad o el deseo de comprobarlo una vez, y luego otra, y tal vez podrías notar que lo compruebas con mayor frecuencia, y entonces te preguntas: *«¿Sentirán lo mismo otros padres primerizos? ¿Cómo sé si me estoy excediendo? ¿Cuánto es demasiado? ¿Cuál es el nivel normal de comprobación? ¿Qué pasará si lo compruebo menos? ¿O si no lo compruebo en absoluto?»*.

Las personas con TOC a menudo reconocen que, a los demás, algunos de sus pensamientos y comportamientos les pueden parecer irracionales, pero a ellas les proporcionan una sensación de alivio. En esto consiste la complejidad del TOC: la difusa línea que separa lo que se considera normal y necesario y lo que podría resultar excesivo. El período posparto complica aún más esta distinción, ya que el aumento de la ansiedad impulsa los ciclos de evaluación, obsesión, comprobación y duda. Es posible que te preguntes: *«¿Estos pensamientos y acciones me ayudan a sentirme mejor o me atrapan en una espiral de la que no logro escapar?».*

El TOC no tratado puede generar un agobio de alta intensidad y afectar a tu forma de ver la crianza y tu capacidad para disfrutarla. Nuestro objetivo es ofrecer información y apoyo para que puedas encarar tus síntomas con menos ansiedad y más confianza. Te ayudaremos a evaluar si tu ansiedad es controlable y a explorar los siguientes pasos que debes dar para afianzar tu bienestar. Te recomendamos que evites el autodiagnóstico y que busques la ayuda de un profesional sanitario especializado en TOC y ansiedad perinatales. De este modo recibirás una orientación adecuada y una atención fiable. A medida que, poco a poco, paso a paso, avances por esta senda, recuerda que la sensación que tienes hoy no durará para siempre.

Cómo usar este libro

Este libro está dirigido a todos los padres —mamás, papás, parejas del mismo sexo, padres biológicos y no biológicos y padres adoptivos—, con independencia de su identidad de género, de su estructura familiar o de sus antecedentes. Si tú o tu pareja están esperando un bebé, también encontrarán en él información y orientación de interés.

Si has leído *Las buenas mamás tienen pensamientos aterradores* o *What About Us?*, ya sabrás que estos libros se basan en ilustraciones y se pueden leer en cualquier orden o por secciones. Es cierto que *Desenfreno* también puede leerse con cierta flexibilidad, aunque algunos temas se entienden mejor de manera secuencial. Lee el libro al ritmo que te resulte más cómodo, especialmente si el contenido te plantea dificultades. Es importante que des prioridad a tu bienestar, de modo que hemos incluido sugerencias de cuidado personal con el fin de guiarte en este proceso. El libro también puede ser un recurso útil para tus seres queridos y los profesionales sanitarios, pues los ayudará a comprender mejor por lo que estás pasando y a ofrecerte el apoyo que necesitas.

A partir del capítulo 6, las viñetas muestran bocadillos de pensamiento o diálogo con aspecto dentado que recogen las luchas internas generadas por el TOC, junto a bocadillos de pensamientos curativos o respuestas correctivas que tienen un contorno más suave y ondulado. Las ilustraciones representan algunas situaciones de la vida real y te ayudarán a introducir palabras curativas en tu discurso.

Por último, tal vez te preocupe que despues de leer este libro puedas sentirte peor. Podría ocurrir; pero sufrir una incomodidad temporal es normal y forma parte de todo proceso de mejoría. Nuestro objetivo no es ofrecer un diagnóstico ni un tratamiento. Lo que nos proponemos es ayudarte a sentir menos soledad en estas situaciones y permitir que avances hacia un lugar donde encuentres mayor comprensión, alivio y esperanza. Aunque creas que no hay remedio posible para tu caso, somos optimistas y estamos convencidos de que en esta travesía encontrarás momentos de claridad y paz. Gracias por confiar en nosotros para guiarte a través de este proceso.

Molly McIntyre

Términos y herramientas que debes conocer y usar durante la lectura

El TOC perinatal: guía rápida

¿Qué son los pensamientos intrusivos?

Los *pensamientos intrusivos* son ideas, imágenes o impulsos que aparecen de forma aleatoria y generan malestar.

- Es un fenómeno muy común después del parto, una época que se caracteriza por la imprevisibilidad, la falta de sueño, los cambios hormonales y el estrés continuo.
- Los estudios demuestran que entre el 70 % y el 100 % de las madres primerizas experimentan pensamientos intrusivos relacionados con el bebé, y la mitad de ellas afirman haber tenido pensamientos sobre hacerle daño deliberadamente.

¿Qué es el TOC perinatal?

El *TOC perinatal* es una forma de trastorno obsesivo-compulsivo que se produce durante el embarazo o el primer año después del parto y se define por:

- *Obsesiones:* Pensamientos, imágenes o impulsos no deseados, intrusivos y persistentes que surgen de la nada y generan ansiedad y angustia.
- *Compulsiones:* Acciones repetitivas, rituales y deliberadas o actos mentales destinados a reducir la ansiedad.

¿A quién afecta?

- El TOC perinatal afecta a entre el 2 % y el 3 % de los padres, incluyendo las mamás, los papás, las parejas del mismo sexo y los padres adoptivos. Puede aparecer por primera vez, o bien manifestarse como deterioro de un TOC ya existente.
- Hasta el 70 % de las mujeres que ya sufren TOC experimentarán un deterioro de sus síntomas luego de dar a luz.

¿Cuáles son los factores de riesgo?

- El embarazo y el posparto son períodos de alto riesgo debido a los cambios hormonales y al estrés que genera la crianza de los hijos.
- Los antecedentes familiares y el TOC previo aumentan la probabilidad.
- Más del 70 % de las mujeres con TOC también sufren depresión.
- Las obsesiones y compulsiones se centran con frecuencia, aunque no siempre, en la seguridad y el bienestar del bebé, lo que genera una alto nivel de angustia (sin aumentar el riesgo real de daño).

¿Qué rayos haces?
Practicar la respiración.
¿Para qué?
Ni idea. Se supone que me ayuda a sentirme mejor.
¿En serio? Parece una ridiculez.
Lo sé... Je, je. Pero creo que sí me ayuda.

Herramientas para reducir la ansiedad que puedes utilizar durante la lectura

Indicaciones para calmar los pensamientos descontrolados

Las afirmaciones pueden recordar a tu cerebro que estás a salvo y que no está pasando nada malo. A continuación, se exponen afirmaciones que pueden afrontar los pensamientos distorsionados que provocan los síntomas del TOC. Pronunciar estas palabras en voz alta puede ofrecer una experiencia correctiva y compasiva. Elige una o dos, o más, y repítelas en silencio o en voz alta todas las veces que lo necesites.

1. Los pensamientos negativos e intrusivos son habituales. Todo el mundo los tiene.
2. Tener pensamientos intrusivos no me convierte en una mala persona; solo son ruidos mentales pasajeros.
3. Cuanto más intento ahuyentar el pensamiento, más fuerte se vuelve.
4. El hecho de pensar algo no significa que vaya a suceder.
5. Mis pensamientos no afectan al mundo real ni atraen resultados.
6. El contenido de mi pensamiento es irrelevante. Lo que cuenta es mi forma de responder a ese pensamiento.
7. Mis pensamientos pueden engañar a mi cerebro y hacerle creer que hay peligro cuando no lo hay.
8. Mi angustia se debe a mi reacción a mis pensamientos, no a los pensamientos en sí mismos.
9. Cuando me aferro a mis pensamientos con miedo o preocupación, empiezan a dar vueltas en bucle.
10. Los pensamientos que se repiten no son más importantes ni más reales que cualquier otro tipo de pensamientos.
11. Soy capaz de tolerar la duda.
12. Aprenderé a aceptar, permitir y seguir adelante.

Shhhhhhhh
BUAAAH
BUAAAH
PIIII
GRRR
GRRR
Aceptar, permitir, seguir adelante...
Aceptar, permitir, seguir adelante...
¡GUAU! ¡GUAU!
¡GUAU!
Qué basura.
¡Argh! Pero al menos lo estoy intentando.
bzzz
bzzz
bzzz
bzzz

Una pausa para aliviar tensiones

El *grounding* o técnica de anclaje envía señales de seguridad al sistema nervioso y puede ayudar a que la persona se sienta más centrada. Si notas que te desconectas del momento presente o que te atrapan pensamientos de ansiedad, practica estos ejercicios. Se ha demostrado que activan el sistema nervioso parasimpático y la respuesta de relajación.

5-4-3-2-1 Activa tus sentidos

- Nombra 5 cosas que puedes ver.
- Nombra 4 cosas que puedes tocar.
- Nombra 3 cosas que puedes oír.
- Nombra 2 cosas que puedes oler.
- Nombra 1 cosa que puedes saborear.

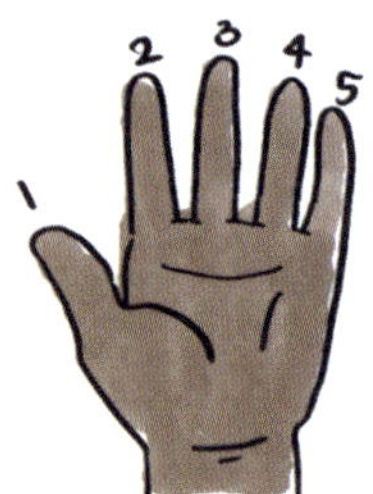

EXPOSICIÓN AL FRIO

Colócate un paño frío en la cara o salpícate el rostro con agua fría.

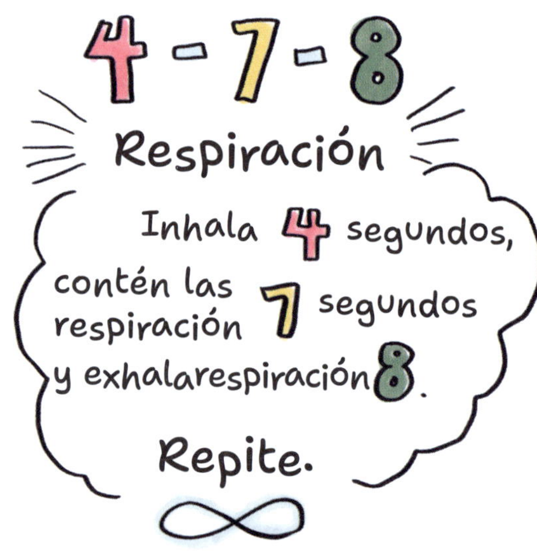

Qué bobada. Estos ejercicios no valen para nada. (Hazlos de todos modos).

Son las mismas tonterías de siempre. (Lo sabemos).

Qué pérdida de tiempo. (Confía en el proceso).

Esta respiración hace que me sienta peor. (Puede ocurrir. Tómatelo con calma. Haz una pausa si lo necesitas).

Pedir a los nuevos padres que hablen el secreto —decir lo que sienten y lo que necesitan— no es poca cosa. Significa presentarse después de lo que pudo haber sido la experiencia más apreciada o la más desgarradora y poner detalles profundamente privados en palabras. Ese tipo de vulnerabilidad es un riesgo que muchas personas en sufrimiento no están dispuestas a asumir.

Para los padres con TOC, puede ser aún más complicado. Los pensamientos pueden sentirse alarmantes, no deseados y difíciles de hablar, muchas veces enredados en miedo, vergüenza o malentendido.

Este libro se basa en el mensaje de compartir estos secretos, ofreciendo claridad, contexto y dirección para los padres posparto, las personas que los aman y los proveedores de servicios médicos que los apoyan.

#dielsecreto

Chapter 1

Bebés y ansiedad desenfrenada

Repite cualquiera de estas frases cuando lo necesites. Te ayudarán a serenar los pensamientos de ansiedad.

Mensajes de calma

1. Estoy a salvo, aunque mi mente me diga que no lo estoy.
2. El hecho de pensarlo no significa que vaya a hacerse realidad.
3. Soy más que mi TOC.
4. No pasa nada por sentir ansiedad en este momento.
5. Ya me he sentido así antes y no ha sucedido nada malo.

*** Para recibir más apoyo, consulta el apéndice, que contiene frases positivas y técnicas de anclaje que puedes usar cuando notes que se activa la ansiedad.

Mensajes de calma

Cuando uno se imagina la vida con un bebé, probablemente, lo primero en lo que piensa no está relacionado con el TOC ni la ansiedad. Sin embargo, cuando estas afecciones se manifiestan, pueden condicionar enormemente la experiencia de los padres primerizos. Por eso queremos ofrecerte, desde el primer momento, una serie de herramientas que te aporten protección y apoyo en este proceso. Sabemos que el simple hecho de leer sobre el TOC podría generar ansiedad, razón por la cual este libro se ha concebido no solo con un fin didáctico, sino también para ayudarte a gestionar esos sentimientos en tiempo real. Si notas que empieza a activarse la ansiedad, estos *mensajes de calma* actuarán como indicaciones serenas de *mindfulness* para que, de manera tranquila, vuelvas al presente, recordándote que, aquí y ahora, te encuentras a salvo.

Este es tu primer paso en la senda que te lleva a liberarte del control que ejerce el TOC y a recuperar tu vida.

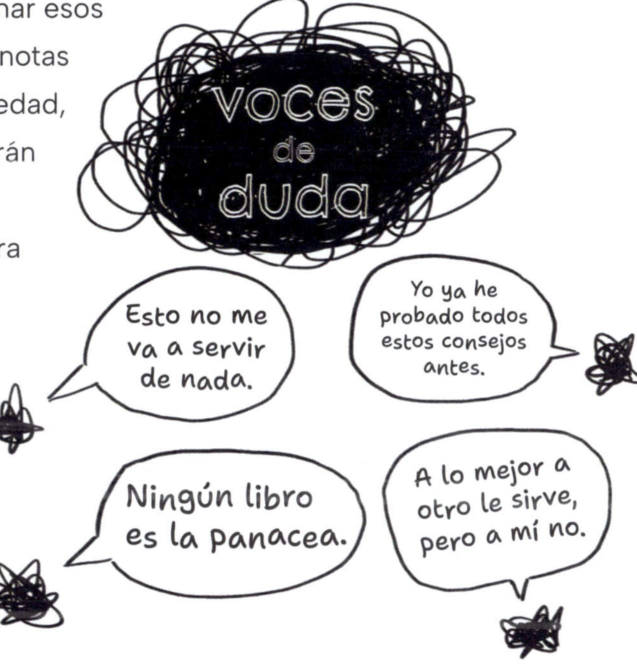

¡Qué lindo día hace!
Qué suerte, ¿verdad?
Desde luego...
He tardado siglos en salir por la puerta. Había que comprobar y preparar tantas cosas antes de irnos... Una lista interminable de tareas pendientes en mi cabeza. Y ahora resulta que aquí afuera hay demasiada gente. Gente por todas partes, respirando y tosiendo. ¿Y si el bebé se enferma? ¡Uf, estoy agotada! Todo esto me supera. No voy a ser capaz.

Normalizando los pensamientos aterradores

¿Qué es lo peor que, en tu imaginación, podría suceder en este momento? Si eres como la mayoría de los padres primerizos, seguramente será la idea de que le ocurra algo malo a tu bebé. Los pensamientos intrusivos durante el embarazo y el posparto muchas veces tienen que ver con el miedo de que le pase algo malo al bebé. Este miedo es tan intenso que el cerebro centra toda su atención en él, aunque la idea en sí misma pueda parecer impensable. La evolución ha programado el cerebro para que se mantenga alerta y busque en todo momento la seguridad del bebé durante este período de mayor responsabilidad. La comunidad científica afirma que los pensamientos negativos e intrusivos surgen de estos instintos de adaptación y protección. De hecho, todos los padres novatos (así es, *todos*) pueden ser presa de pensamientos intrusivos. Es una experiencia extendidísima y universal.

¿LO SABÍAS?

Los escáneres cerebrales muestran que cuando vemos algo y cuando lo imaginamos se generan patrones similares de actividad neuronal.

El cerebro no es capaz de distinguir entre la realidad y la imaginación.Esto significa que nuestro cerebro responde a algo que nos inventamos o que creemos que nos da miedo, como si realmente fuera algo que deberíamos temer. Si le enseñamos al cerebro que no hay nada que temer, aprende a responder con menos ansiedad. Y nos sentimos mejor.

Está pasando algo malo. No puedo quitármelo de la cabeza. Tengo que ir a comprobarlo. AHORA MISMO.
Cariño, acabas de ir a verla. Está bien.
No, no. Tengo que ir. No puedo evitarlo. Tengo que quitarme esta imagen de la cabeza. Necesito ver si está bien con mis propios ojos. Solo una vez más.

Tus pensamientos no son el problema

Si los pensamientos aterradores son un componente normal de los primeros años de crianza, ¿por qué algunas personas son capaces de deshacerse de ellos y otras se quedan atrapadas? Lo que empieza siendo una preocupación habitual puede convertirse en algo más persistente y desestabilizador. Para quienes padecen TOC, la mente se aferra a la preocupación, la sobredimensiona con todo tipo de detalles, insiste en que es apremiante y se apresura a neutralizarla. Es posible que te atrapen bucles mentales o comportamientos compulsivos, como realizar comprobaciones, evitar situaciones o buscar confirmación, con el único objetivo de tener una sensación de seguridad.

El problema no son los pensamientos aterradores en sí mismos, sino la forma en que tu cerebro reacciona ante ellos. El TOC se apodera de este proceso, se plantea los peores escenarios posibles e impone patrones rígidos. El TOC crea la ilusión de seguridad y te convence de que tus compulsiones son protectoras. Pero, en realidad, no te mantienen a salvo, sino en una prisión.

Puedes aprender a defenderte.

Puedes aprender a responder de manera diferente a tu ansiedad, y aun así sentirte bien.

¡AY, DIOS MÍO! Ahora me acuerdo: Jaime me dijo que este detergente es CANCERÍGENO. Y lo he usado TRES VECES para lavar la ropa de la niña. Ahora va a tener CÁNCER. Qué hago, ¿tiro la ropa? ¿Voy al médico? Vamos a buscar en Google. ¡Anda! No puedo CREER que me haya pasado esto a mí. ¿Cómo pude permitir que OCURRIERA? Me duele el pecho, no puedo respirar.

Cariño, no pasa nada. Llevas dos semanas sin peg ojo por las noches y estás agotada. Estos pensamient ya te desbordan incluso e un día normal, así que imagínate ahora, que estás cansada y tu madre no está aquí para ayudarte. Vamos, necesitas descansar.

No. Esto no me vale. Voy a tirar la ropa. Me estoy volviendo loca. No puedo creer que haya hecho esto.

La tormenta perfecta

¿Por qué sucede esto ahora? Porque, cuando se tiene un bebé, el amor y la ansiedad surgen al mismo tiempo. Para algunas personas, el TOC es el mecanismo sobreprotector que el cerebro utiliza para intentar mantener todo a salvo. Cuando los pensamientos aterradores irrumpen en este amor tan nuevo y delicado, pueden aplastar el ánimo de cualquier mamá o papá primerizo. La inmensa responsabilidad de cuidar de un recién nacido sobredimensiona estos pensamientos y los hace parecer más urgentes. Si a esto le sumamos los cambios hormonales, la falta de sueño y la exigencia de atención las 24 horas del día, esta época se convierte en el caldo de cultivo perfecto para el TOC.

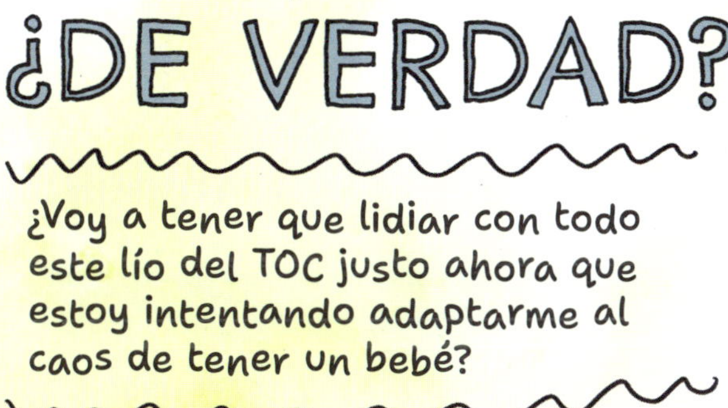

Qué buena mamá eres.
Ooooh, gracias.
NO soy una buena madre y me siento miserable. Soy un FRAUDE y no sé ni lo que hago. Ellos solo ven la superficie. Ojalá supieran que me cuesta la vida. Debo tenerlos a todos engañados. Los demás saben lo que hacen. Yo también debería ser capaz de hacerlo por mí misma, y, sin embargo sigo necesitando informarme para absolutamente todo. ¿Por qué me siento tan CULPABLE todo el tiempo? Soy la única mamá que tiene estos pensamientos. Las buenas madres no piensan estas cosas. ¿Y si cometo un error y le hago daño a la niña, se enferma, o algo PEOR? ¿Y si l arruino la vida? ¿Por qué no puedo dejar de tener estos pensamientos? Me están volviendo LOCA. Ojalá pudiera confiar en mí misma como lo hacen otras madres.

Eres suficiente

Cuando el TOC se apodera de una familia, exige perfección en un espacio donde la perfección no es posible. La presión que te exige saborear cada momento y sentir una alegría constante —a pesar del agotamiento y el estrés— puede hacer que te preguntes si estás haciendo lo suficiente o si lo estás haciendo «bien». El TOC recrudece esta lucha interna, convenciéndote de que todo tiene que estar bajo control, cada decisión debe ser completamente segura y cada emoción ha de ajustarse a unas expectativas inalcanzables. Pero el TOC te está mintiendo. Te absorbe la energía, se aprovecha de tus pensamientos más vulnerables y tiene tu mente secuestrada. Distorsiona la imagen que tienes de ti, y eso te impide ver lo bien que lo estás haciendo en realidad. Tú *eres* suficiente, no porque seas una mamá o un papá perfecto, sino porque sigues estando ahí, tal como eres, para tu familia.

Aprender

a aceptar tus imperfecciones como madre o padre

sin el peso de la autocrítica constante

es un paso fundamental hacia el bienestar emocional.

Chapter 2

¿Qué está pasando?

Debería confiar en él, pero ¿y si esta vez se le olvidó de verdad? Dejó entrar a los perros y sé que no cerró la puerta. Al final tengo que encargarme yo de TODO. Si la puerta se queda abierta, quién sabe lo que podría entrar en casa. ¡En la cocina de Alicia se coló un MURCIÉLAGO! Quién sabe qué más se le habrá olvidado.
Anda, vámonos ya.
Voy, solo tengo que revisar una cosa más.
Ya comprobaste las malditas puertas DOS VECES. ¡Están cerradas con llave!
Sí..., lo sé. Está bien, ya voy.
Uf, ojalá pudiera salir de casa como una persona normal.

¿Son solo manías?

Todo el mundo tiene sus manías, sus idiosincrasias y sus preferencias. Pero no todo el mundo tiene TOC. Por ejemplo, algunas personas necesitan hacer las cosas de una manera determinada, como colocar los objetos en un orden preciso. Este comportamiento es normal y no causa grandes alteraciones en la vida diaria. Hay muchos ejemplos de hábitos automáticos o rutinarios que generan poca angustia si dejan de hacerse y que no son indicativos de TOC. La clave es la siguiente: *si tus respuestas de ansiedad son intensas y persistentes —causan una grave angustia o interfieren en tu vida diaria, tus relaciones o tu desenvolvimiento—, es probable que no sean una mera preferencia, sino algo más. Puede formar parte de un ciclo desbordante de obsesiones y compulsiones.*

Santo cielo,
¿cómo se me
pueden ocur
estas cosas?
Pero si adoro
la niña. JAMÁS
le haría daño. Per
si PUDIERA? No me
saco de la cabeza. ¿QUÉ
RAYOS ME PASA? ¿Esto quie
decir que voy a HACERLE DAÑ
¿O que QUIERO hacérselo? Soy
un monstruo por TENER estos
pensamientos. Los buenos pad
no piensan estas cosas. Soy
madre horrible. Si los dem
supieran lo que se me p
por la cabeza, me
quitarían a la niña. N
merezco ser madre s
no puedo controlar
mis pensamientos.
No puedo contarle a
NADIE nada de est
ESTOY
COMPLETAMENT
DESTROZADA.

Sufrimiento del alma

Ser madre o padre primerizo puede adentrarte en la oscuridad más de lo que nunca imaginaste. Algunos pensamientos, sobre todo de carácter sexual, blasfemo, violento o impuro, pulsan tus miedos más profundos y te hacen sentir una culpa imperdonable. Estos pensamientos pueden sacudirte en lo más hondo de tu identidad. Cuesta imaginar que unos pensamientos tan oscuros puedan aferrarse a tu mente cuando te esfuerzas por dar lo mejor de ti en la crianza. Pero recuerda: por muy perturbadores que sean, no te definen. Son solo pensamientos. Lo que importa *no* es su contenido, sino cómo respondes ante ellos: el significado que les atribuyes y la energía que inviertes tratando de ahuyentarlos.

Prueba lo siguiente:

Cuando encaras el sentimiento de vergüenza, empiezas a romper el ciclo de CULPA y AUTOJUICIO que el TOC muchas veces perpetúa.

Repítete estas frases:

- Me da vergüenza tener estos pensamientos. (Reconocer)
- No pasa nada por tener estos pensamientos, aunque cueste admitirlos. (Permitir)
- Solo son pensamientos. No soy mala persona por tenerlos. (Reformular)
- Puedo desprenderme del sentimiento de vergüenza. (Aceptar)

¿Por qué va con mascarilla? Dios mío, está enferma y seguro que es contagioso. ¿La tendrá bien puesta? Tengo que cambiarme de sitio. Pero ¿debería cambiarme si ya estuve expuesta? ME DUELE LA GARGANTA.

¡QUE TE VAYAS! ¡ANDA! TE VAS A ENFERMAR. Est es horrible. No voy. a poder ir a ningún sitio nunca más. El mundo no es un lugar SEGURO. Hay tantas cosas por las que tene miedo. Tenemos que volver a casa. YA.

Falsas alarmas

El TOC es una afección neurobiológica que hace que el cerebro envíe señales de peligro, aun cuando no haya ningún peligro real. Son falsas alarmas, estrepitosas, apremiantes y convincentes, y se basan en tus miedos más profundos. Parecen una señal de protección, pero no lo son. Creer en estas alarmas te puede atrapar en un ciclo de vergüenza y duda constante, aislándote en un mundo que te confina pero que, a la vez, curiosamente, te ofrece seguridad. Las reglas que el TOC te impone te dan una aparente sensación de control, pero en realidad te atenazan.

En esto consiste la trampa: quieres disfrutar del presente con el bebé, quieres confiar en ti mismo, pero el TOC te empuja a analizar hasta el más mínimo movimiento, a escrutar el más mínimo pensamiento y a intentar controlar cada momento, sobre todo los más impredecibles. Las falsas alarmas te roban la atención y acaparan tus instintos. Pero estas alarmas no son *tú*. Tú no eres la alarma; tú eres quien la escucha. Esto significa que, con el tiempo, puedes aprender cuándo no es necesario responder.

Estos pensamientos no son YO. Solo son ruido de fondo, no representan lo que yo soy.

Externalízalo

También puedes aprender a tomar distancia de tu TOC. Empieza por cambiar la forma de referirte a él: intenta no afirmar cosas como *«es que yo soy así»*. El TOC puede presentarse como una parte de ti, pero, en realidad, por un lado estás *tú* y por el otro tu cerebro TOC. Cuando estas sufriendo, los pensamientos negativos parecen confirmar, tu estado emocional, de modo que resulta natural creer en ellos. Pero muchas veces hacer le caso a estos pensamientos solo profundiza tu dolor. Un modo eficaz de romper este ciclo es *externalizar* tus pensamientos, es decir, tratarlos como experiencias que te ocurren, no como reflejos de quién eres. Con la práctica puedes adquirir la capacidad de observar tus pensamientos sin asociarlos a reacciones o juicios emocionales. Puedes darte cuenta de que *tú* tienes el poder de decidir cómo responder a tus pensamientos.

Llego tardísimo, PERDONA. No he podido cruzar el puente y en el desvío he tardado una eternidad.
Tranquila. ¿Qué pas ¿Estaba cerrado el puente?
Pues..., no. Pero desde que tuve a la niña evito cruzar los puentes. ¿Has leído lo poco segura que puede ser su estructura? No quiero arriesgarme. La realidad es que ha sido muy inconveniente,, pero si yo muriera ella se quedaría sola. Ay, solo pensarlo...

Evalúa tu nivel de angustia

Si todo el mundo experimenta de vez en cuando pensamientos y comportamientos de ansiedad, ¿cómo puedes distinguir cuándo tus pensamientos, sentimientos o acciones entran dentro de lo normal y cuándo resulta excesivo?

Esta imagen ofrece un esquema con el que puedes empezar a determinar si tu nivel de angustia es excesivo, en cuyo caso sería útil buscar apoyo profesional adicional:

Frecuencia = ¿Con qué frecuencia se produce (el síntoma)?
Intensidad = ¿Con qué nivel de gravedad (intensidad)?
Duración = ¿Cuánto dura?

Frecuencia + Intensidad + Duración
= ANGUSTIA

La angustia se reconoce además por:

1) Grado de malestar subjetivo (¿cuánto te molesta?).

2) Grado de deterioro funcional (¿en qué medida interfiere en tu capacidad para realizar las actividades diarias?).

→ La ANGUSTIA es SUBJETIVA

(lo que te molesta a ti tal vez no le moleste a otra persona, y viceversa).

→ La ANSIEDAD NO es el PROBLEMA

(lo que importa es lo mal que te hace sentir la ansiedad y en qué medida perturba tu vida).

Si el grado de angustia es alto y afecta tu vida diaria, buscar apoyo adicional y ayuda profesional puede ser una solución muy eficaz.

Chapter 3

Cadenas que nos aprisionan

La mayoría de los pensamientos intrusivos perinatales están relacionados con temores por que le ocurra algo malo al bebé, lo que difumina la línea entre

En todos estos aspectos del período perinatal se suelen mezclar preocupaciones normales con otras que resultan excesivas, lo que te lleva a pensar que

Todos los padres primerizos se sienten igual y no es cosa del TOC.

La diferencia radica en si tus respuestas son manejables o si la angustia te domina, llegando a alterar tu vida cotidiana y tu capacidad para vivir con libertad.

La crianza normalmente crea un hermoso vínculo afectivo entre padres e hijos. Sin embargo, las personas que viven con TOC pueden sentir ese vínculo, como una cadena: invisible, pesada e irrompible.

Cada eslabón representa un aspecto del período perinatal que, en general, consideramos fuente de alegría y conexión: la *salud* del bebé, el patrón de *sueño*, el acto de *alimentarlo*, las responsabilidades de *cuidado del bebé*, tu relación con el *mundo exterior*, la *confianza* en ti mismo y en los demás y tu *identidad*.

Pero el TOC se dedica a susurrar: *«¿Y si...?»*, apoderándose de aquello a lo que le tienes más cariño y sembrando la duda en tu día a día. Estos eslabones interconectados se convierten en un manantial inagotable de pensamientos intrusivos y ansiedad. Vamos a examinarlos en las siguientes secciones.

¿Terminamos de ver la peli?
¿Lo dices en serio? ¿No oyes
cómo tose? No es normal a esta e
es muy pequeño. Le pasa algo. ¡Es
enfermo! Es muy tarde para llama
al médico. Tenemos que llevarlo
urgencias. ¡Vamos!
cof cof
cof

El eslabón «salud»

Uno de los aspectos que más preocupan a los padres novatos es la salud del bebé. *«¿Cómo voy a hacer algún plan, con la cantidad de cosas que podrían enfermar al bebé? ¿Cómo voy a combatir los gérmenes si no puedo usar jabón antibacterial?»*. Cuando se tiene a cargo una personita tan vulnerable, es natural darle mil vueltas a todo. En el momento en que los temores acerca de las enfermedades, los gérmenes o la contaminación se vuelven obsesivos y generan comportamientos de hipervigilancia, pueden hacer imposible la vida diaria.

¿Y si la leche en polvo está en mal estado y no me doy cuenta? Podría sentarle fatal y sería CULPA mía por no tener más cuidado. La tienda no tenía buena pinta. A lo mejor está caducada o alguien la manipuló.

COMPULSIÓN

No la voy a usar por si acaso. Sé que tiene hambre, pero no pasa nada. Puede esperar perfectamente hasta que vaya a otra tienda y compre una nueva para estar segura.

Para las páginas siguientes, **RECUERDA:**

- La obsesión es el **PENSAMIENTO** que desencadena el miedo.
- La compulsión es lo que **HACES** en **RESPUESTA** a ese pensamiento.

Mi pensamiento obsesivo relacionado con la salud:

____

Mi compulsión relacionada con la salud:

____

Ya sé que acabo de ir a verlo, pero ¿y si le pasó algo en este rato? Debería ir a mirar. ¿Y si tiene una mala postura? ¿O resulta que está agobiado? ¿Y si no respira? Por Dios, tengo que ir. Si le pasara algo y yo no lo hubiera revisado, jamás me lo perdonaría.
Cariño, acabas de ir. No apartas los ojos del monitor. Está significativa. Vuelve a dormirte.
Tengo que ver si está bien. ¿Y si no respira? El síndrome de muerte súbit es más frecuente de lo que crees. Tengo que ir.

El eslabón «sueño»

El sueño es otro motivo de preocupación para todas las mamás y papás del mundo, ya sea por el horario de sueño del bebé o por el agotamiento que ellos mismos sienten. Los hábitos y rutinas de sueño pueden ser una fuente bien de ansiedad. *«¿Por qué duerme tanto? ¿Por qué no se duerme? ¿Cada cuánto debo comprobar si está bien?»*. Todos los padres van a ver a sus bebés por la noche para darles de comer, cambiarles los pañales y consolarlos, pero es fácil caer en el exceso. Comprobar que todo está bien no es en sí mismo nada malo, pero, cuando se tiene TOC, una vez nunca es suficiente. La ansiedad te obliga a comprobar más de la cuenta.

Pensamiento obsesivo: Estoy taaan cansada. Necesito dormir. Pero, si me duermo, le va a pasar algo terrible y nunca me lo perdonaré.

COMPULSIÓN
Tengo que mantenerme despierta.

Mi pensamiento obsesivo relacionado con el sueño:

____

Mi compulsión relacionada con el sueño:

____

Está tan chiquitita, no gana peso. La pesé cuatro veces hoy y no ha ganado ni un gramo. Va a quedar desnutrida. Tengo que dejar de darle el pecho.
Vamos, come, POR FAVOOOR.
00:00 oz

El eslabón «alimentación»

Otro aspecto que genera inquietud es la alimentación. *«¿Estaré alimentándolo demasiado? ¿Estará comiendo lo suficiente? ¿Por qué no aumenta de peso? ¿Debería dejar de darle el pecho? ¿Está bien usar leche en polvo? ¿Por qué rechaza el pecho? Me parece que no le gusta la leche en polvo. ¿Por qué tiene hambre todo el tiempo? ¿Se estará atragantando?»*. Y mil preguntas más. Estos son miedos habituales para la mayoría de los padres primerizos. Pero lo que aquí nos interesa es el modo en que estos y otros pensamientos relacionados con la alimentación interfieren en las actividades diarias.

Pensamiento obsesivo:

Tengo que seguir las horas de comida que hemos decidido PASE LO QUE PASE. Si se salta el horario, luego no dormirá la siesta, se desajustarán las horas de vigilia y mi producción de leche se irá al caño. Tardaré semanas en readaptarme a su rutina.

COMPULSIÓN

Parece que ya tiene hambre, pero debo esperar cinco minutos más hasta que se llegue su hora.

Mi pensamiento obsesivo relacionado con la alimentación:

____

Mi compulsión relacionada con la alimentación:

____

¿Y si toco al bebé de forma inapropiada? ¿Por qué me da por PENSAR ESTO? La gente normal no tiene estas ocurrencias. ¿SIGNIFICA QUE QUIERO HACERLO REALMENTE? No, no, NO, nunca lo haría. Pero ¿y si...? Me enfermo solo de pensarlo, pero no me lo quito de la cabeza. Cuanto más intento ahuyentar la imagen, peor. No puedo confiar en mí misma. Tengo que dejar de cambiarle los pañales y de bañarlo. No puedo quedarme a solas con él.
Cariño, ¿puedes cambiar el pañal tú?
¿Otra vez? Últimamente estás muy rara con esto. ¿Qué te pasa?

El eslabón «cuidado del bebé»

Los pensamientos intrusivos que atañen al cuidado del bebé pueden resultar especialmente perturbadores para los padres. Pueden ir desde *«¿Lo habré limpiado bien?»* hasta *«¿Por qué me asaltan estas ideas de abusos sexuales cuando le cambio el pañal?»*. Que quede claro: los pensamientos intrusivos sobre hacer daño al bebé son normales y habituales. Solo pasan a ser un problema si te impiden funcionar a lo largo del día.

COMPULSIÓN

Tengo que bañarla al menos dos veces al día. Y si salimos de casa, la baño otra vez.

Mi pensamiento obsesivo relacionado con el cuidado del bebé:

____

Mi compulsión relacionada con el cuidado del bebé:

____

RIP
¿Por qué no vas a comprar la cena mientras le doy el pecho?
Mejor pedimos que nos lo traigan.

El eslabón «mundo exterior»

Todos los padres primerizos experimentan inquietud cuando abandonan la seguridad del hospital o del hogar y salen al mundo exterior, en el que puede ocurrir toda clase de catástrofes. Las posibilidades de sufrir daño van desde meros percances hasta verdaderos desastres, e infunden una sensación generalizada de tener menos control. *«¿Cómo sé qué peligros acechan ahí fuera? ¿Cómo puedo mantener al bebé a salvo? Todo el mundo me dice que salga más de casa, pero ¿cómo voy a hacer eso, con todo lo que pasa por ahí?»*. Mires donde mires, todo te causa conmoción, y decisiones diarias pueden resultar agotadoras. Los pensamientos intrusivos y esa mayor sensación de peligro pueden hacer que veamos mil riesgos en cada acto o elección que debamos llevar a cabo.

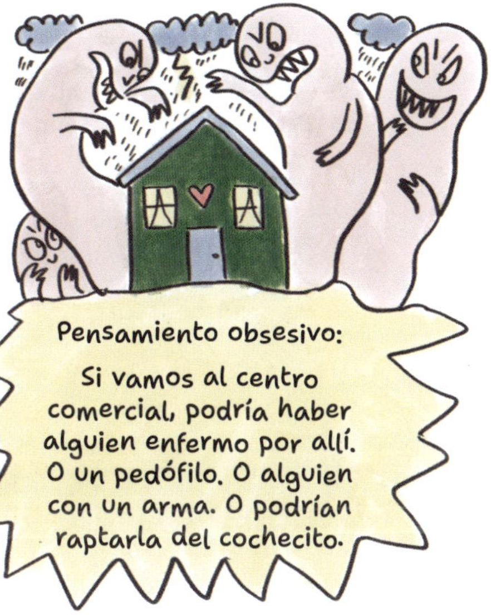

Pensamiento obsesivo:

Si vamos al centro comercial, podría haber alguien enfermo por allí. O un pedófilo. O alguien con un arma. O podrían raptarla del cochecito.

Mi pensamiento obsesivo relacionado con el mundo exterior:

____

COMPULSIÓN

No podemos salir de casa.

Mi compulsión relacionada con el mundo exterior:

____

Mis padres llegarán en 15 minutos. Qué bien poder salir los dos solos, ¿verdad?
Uf, qué agobio confío, no creo sepan cuidarla. no le dan la cantidad adecu de comida? ¿Y si l ponen una man en la cuna? ¿O dejan llorar ha que se agote? ¿Tienen idea de cuánto ha camb la crianza des que ellos tuvieron a su hijos? ¿Y si se atraganta? ¿Y se despierta y que no estam ¿Cómo se nos ocurrió esto?
La verdad..., cua más lo pienso, menos ganas tengo de salir.

El eslabón «confianza»

Si tienes TOC, es posible que te dé más tranquilidad ser tú quien supervise el bienestar del bebé, en lugar de confiar en otra persona. *«¿Y si se me olvida algo? ¿Y si la otra persona comete un error y pone en peligro al niño?»*. Delegar el cuidado del bebé en otras personas puede causar un gran desasosiego y desencadenar una avalancha de preocupaciones ante la posibilidad de que se produzca algún daño por descuido. El TOC sobredimensiona estos miedos, de tal manera que la confianza se convierte en un riesgo inasumible, en lugar de verse como una parte necesaria de la crianza de los hijos.

Mi pensamiento obsesivo relacionado con la confianza:

____

Mi compulsión relacionada con la confianza:

____

Está muy caliente, creo que tiene fiebre. ¿Qué hago, lo llevo al médico? ¡Tengo miedo!
¿Le pusiste el termómetro? Si no llega a 38 ºC no se considera fiebre. No creo que lo vean si no lleva varios días enfermo.
¿Cómo es posible que yo no sepa esto? Qué vergüenza. No tendría que habe preguntado. Debería haberl SABIDO. ¿Qué m pasa? No pienso volver a pedir ayuda. Me pasar el día buscando información si hace falta.

El eslabón «identidad»

La identidad es un componente esencial de todos los padres novatos. Es como si cada preocupación pusiera a prueba tu valía, tanto si sientes que lo estás haciendo bien como si crees que *no* estás a la altura (que es lo más frecuente). No paras de rumiar y dar mil vueltas a la cabeza, y ese runrún surge de un sentido abrumador de la responsabilidad por cada miedo al que te enfrentas. Pensamientos como: *«Si fuera una buena madre, esto no pasaría»*, *«Si me hubiera informado mejor, no tendría que andar preguntando»* o *«Si cometo algún error, mi bebé sufrirá las consecuencias»*.

Todos estos aspectos que te preocupan —salud, sueño, alimentación, cuidado del bebé, mundo exterior o confianza— los vives como un reflejo de tus capacidades. La imagen que tengas de ti mismo puede favorecer tu paz mental o sabotearla.

Mi pensamiento obsesivo relacionado con la clase de persona que soy:

____

Mi compulsión relacionada con la clase de persona que soy:

____

Te quiero

Pensamiento obsesivo:
Mi hija no me quiere y probablemente nunca me querrá. Si no le digo constantemente que la quiero, no lo sabrá, me guardará rencor el resto de su vida y nunca me querrá.

COMPULSIÓN
No puedo olvidarme de decírselo.

Chapter 4

Sistemas de pensamiento difuminados

¿De verdad, otra vez todo el mundo enfermo? Enfermedad por todas partes. Los hospitales abarrotados..., y se está cebando con los niños. Mi hijo es muy pequeño para esto. No sobrevivirá. Lo sé y punto.
OK, deja de pensar. Dete ¿Y si solo con pensarlo más probable que ocur NO. No, no, no. No pue correr ese riesgo. Si ci los ojos y me froto l frente diez segun cada vez que m imagino enfer muriendo, borraré ese pensamien así se mantend salvo. Ya he hecho antes y funciona Tengo q hacerlo otra ve
El Periódico
LA PRÓXIMA PANDEMIA

El atractivo del pensamiento mágico

El TOC es muy astuto: utiliza tus miedos más profundos para hacer que cuestiones tus valores, tus decisiones y tu propio ser. Puede usar artimañas que van mucho más allá de lo racional para hacer que estos miedos parezcan más verosímiles y reales.

¿Alguna vez has tocado madera para tener buena suerte? Si lo has hecho, te has dejado llevar por una forma de lo que se denomina *pensamiento mágico*. El pensamiento mágico es la creencia, carente de base lógica, de que tus pensamientos o acciones pueden influir en los resultados. Es parecido a un comportamiento supersticioso, pero más intrusivo, pues fomenta compulsiones destinadas a evitar desastres imaginarios. Aunque nace de una necesidad de control, en realidad refuerza el TOC al sugerir que la realización de actos aleatorios inconexos puede protegerte a ti o al bebé de algún daño.

Recuerda: el TOC no tiene poder para predecir, causar o prevenir acontecimientos reales.

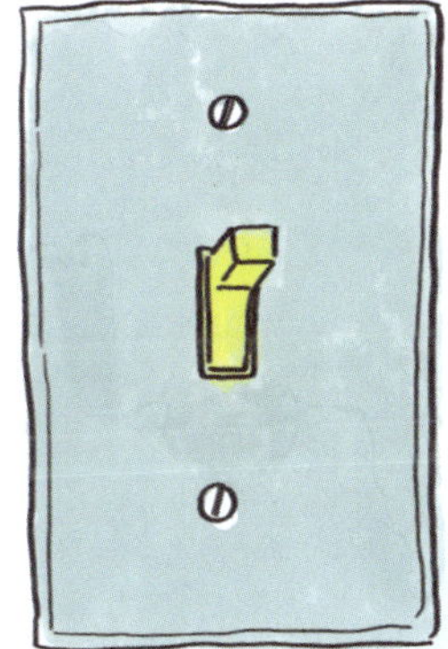

Pensamiento mágico:

La niña se va a asfixiar mientras duerme. Si enciendo y apago la luz siete veces antes de salir de la habitación, dormirá perfectamente. Funciona, pues anoche encendí y apagué la luz siete veces y pasó muy buena noche.

Creo que cuando digo o hago:

___

es un ejemplo de pensamiento mágico.

Sería estupendo salir, necesitamos tomar un poco el aire. Podríamos ir a los columpios, le encantaría. Espera. Dios mío, podría caerse del columpio y romperse el cuello. O podrían ceder las cadenas, y se iría directo contra el suelo. ¡Podría partirse la cabeza! No puedo llevarla a ningún parque donde pueda pasarle algo. Olvídalo. No vamos a ninguna parte. En casa estamos más seguros.

La evitación del riesgo

La vida es un mar de riesgos, la mayoría de los cuales afrontas cada día sin pensarlo dos veces. Pero el TOC magnifica esos riesgos y hace que parezcan catastróficos e intolerables. Puede que sientas el impulso irrefrenable de evitar determinadas situaciones por creer que así mantendrás a salvo al bebé. Aunque la evitación te proporciona alivio a corto plazo, en realidad, refuerza el control que ejerce el TOC, ya que intensifica tu miedo y favorece el ciclo de ansiedad. En el momento te aporta una sensación de protección, pero enseguida puede apoderarse de ti y hacer que tu mundo se encoja y tus preocupaciones aumenten.

Recuerda: el riesgo no conlleva necesariamente el desastre.

Cuando digo o hago ________________, es un ejemplo de evitación de riesgos.

Uf, esa tienda era ASQUEROSA. Qué cantidad de gérmenes... Todavía los noto sobre mí. Tengo que lavarme las manos antes de levantarla. Se supone que debo lavarme las manos AL MENOS durante veinte segundos, eso dicen la guía de salud. ¿Será suficiente? Seguro que no calcularon bien el riesgo. Estaré cuarenta segundos, por si acaso. Prefiero no quedarme corta... Cuanto más tiempo me frote, más segura estará ella. No puedo tocarla hasta que me haya lavado. Uf, no llores, ya te oigo. Sé que estás incómoda. Espera que termine de lavarme. No puedo tocarte hasta que esté limpia.
Hora de la siesta.

El poder de las normas

El TOC se nutre de reglas rígidas, y las personas con TOC se sienten obligadas a seguirlas. Las reglas sirven como pautas estrictas necesarias para prevenir la ansiedad intensa o los resultados no deseados. Aun cuando reconozcamos su carácter irracional, las reglas se nos imponen de manera inflexible e innegociable. Lo que comienza siendo una simple preferencia o inclinación enseguida se convierte en una necesidad imperiosa. Nos aporta más seguridad cumplir esas reglas que enfrentarnos a las posibles incomodidades.

Recuerda: solo porque una compulsión *te parezca* una regla no tienes por qué tratarla como tal.

Una de las reglas que me impone el TOC es:

____

DEJA DE LLORAR! CALLA, por favor. Todo el mundo nos está MIRANDO. ¡Shhh! ¡Uf... te arrojaré por la barandilla! ¿Y si se me va la cabeza y lo lanzo de verdad? DIOS MÍO, ¿cómo se me OCURRE tal cosa? Me lo imagino cayendo al suelo y rompiéndose la cabeza. Soy un MONSTRUO. Todos me miran, pensarán que soy una madre horrible.
¿Cómo va mi hijo a sentirse a salvo conmigo? Decidido, me quedaré en el primer piso. Nunca podré poner los pies en NINGÚN segundo piso. Ni siquiera debería subir las escaleras.

El miedo a perder el control

Los padres primerizos con TOC temen perder el control y causar daño de forma involuntaria. Es posible que te consuma el miedo a «perder los estribos» y cometer una locura o a descontrolarte en público. Tal vez creas que padeces psicosis posparto y que, de un momento a otro, puedes perder el control de tu mente. Estos pensamientos obsesivos pueden generar una ansiedad debilitante y provocar una serie de comportamientos de evitación. Aun cuando nunca antes hayas «perdido los estribos», el miedo a que ocurra es demasiado intenso y no quieres asumir el riesgo.

Recuerda: por muy reales que parezcan tus miedos, tener estos pensamientos no significa que vayas a hacerlos realidad.

______________________ tengo miedo de perder el control.

Cariño, no sé si esta leche todavía está en buen estado. Cuando se descongela, hay que usarla durante las siguientes veinticuatro horas. Creo que ya pasaron unos minutos. Voy a llamar a mi madre, a ver qué dice.
No pasa nada. Acabo de mirarlo.
¿Seguro? No quiero arriesgarme. ¿Y si la enferma? No vale la pena. Sé que lo acabas de leer, pero ¿y si se equivocan? N importa que el riesgo sea pequeño, podría ser fatal para el bebé. No creo que esté en buen estado. Debe llamar al médico. Me da lo mismo, no la usaré.

La temida incertidumbre

La incertidumbre es un factor desencadenante para los padres con TOC. Es verdad que la vida es intrínsecamente incierta, pero lo imprevisible define de manera especial el período posparto. La ansiedad se apresura a llenar los vacíos con los peores escenarios posibles, creando dudas que pueden resultar insoportables. Para sobrellevar este estado, es posible que busques confort y reafirmación una y otra vez. Sin embargo, este comportamiento no hace más que alimentar el ciclo que mantiene vivas las dudas. La verdad es que nadie puede estar cien por ciento seguro de nada.

Aprender a convivir con la incertidumbre, en lugar de eliminarla, es la clave para liberarse.

Recuerda: no necesitas una certeza absoluta para encontrarte bien.

Cuando me enfrento a una situación de incertidumbre, mi respuesta es ____________________.

Vaya. ¿Y si me distraigo y se cae del
cochecito? ¿Habré apretado bien la correa
No se queda quieta. Podría ROMPERSE
el broche. Si la niña se cae, podría ten
una lesión cerebral o quedar paralítica.
Y todo por mi culpa. La gente sabrá que
soy un padre horrible, nuestra familia
quedaría destrozada y yo NUNCA podría
superarlo. JAMÁS m
perdonaría algo así
NO PUEDO volver a
salir solo con la niña
nunca más. Es
demasiado PELIGROS

ITAS

El efecto bola de nieve

El efecto bola de nieve se produce cuando surge un pensamiento o miedo intrusivo que provoca una espiral de pensamientos y termina derivando en un desenfreno de miedos más intensos. Una preocupación da lugar a otra, hasta que la ansiedad adquiere proporciones inmanejables y se descontrola, fomentando el ciclo obsesivo-compulsivo. Empieza siendo un pensamiento incómodo, pero enseguida se amplifica hasta transformarse en una verdadera crisis de ansiedad, aun cuando la preocupación inicial fuera insignificante o poco verosímil.

Recuerda: las posibilidades no son realidades; céntrate en lo que está *sucediendo ahora* y no en lo que *podría* suceder.

Un situación que parece provocarme una espiral de pensamientos es:

____

Chapter 5

Principales temores de los padres primerizos

¿No vienes?
Uf... No quiero salir de la cama. No me obligues. Cuando me levante, tendré que ponerme a limpiar sin parar. Todo el día. Lo mismo una y otra vez, un día tras otro. Suciedad, vómitos, cacas, gérmenes y mugre por todas partes. Estoy agotada. ¿Así va a ser el resto de mi vida? No puedo más.

¿Qué puedo hacer si también tengo síntomas de depresión?

El nacimiento de un bebé conlleva en algunas personas un sentimiento de depresión que puede ir unido a un trastorno obsesivo compulsivo (TOC).

Cuando ambas afecciones coinciden:

- Surgen pensamientos intrusivos que pueden intensificar los sentimientos de culpa y desaliento, lo cual empeora los síntomas de depresión.
- La falta de energía y la apatía causadas por la depresión pueden entrar en conflicto con los comportamientos compulsivos del TOC y aumentar el estrés.

Si crees que puedes estar sufriendo depresión, una evaluación diagnóstica y un plan de tratamiento adecuado te ayudarán a recuperarte. Te recomendamos encarecidamente que busques apoyo médico o terapéutico especializado en salud mental perinatal.

Muchas veces, luchar contra los pensamientos intrusivos o el sentimiento de depresión solo consigue intensificarlos. La aceptación no implica que te guste ese pensamiento o sentimiento; significa que permites que exista sin oponer resistencia.

Repítete estas palabras: "¿Sabes qué te digo, TOC? Puede que sea difícil, pero no pasa nada por sentirme así en estos momentos".

... Lleva varios días sin dormir.
... No para de decir cosas sin sentido.
... Parece est en su propio mundo.
... Está cada vez más obsesionada, no parece ella.
... Unas veces no quiere saber nad de la bebé y otras en cambio, no se despega de ella.
... Está convencida de que alguien quiere hacerle daño.
No lo entienden. No ven lo que yo veo. La niña está en peligro. Tengo que salvarla. No intenten detenerme.
... Ve y oye cosas que los demás no vemos ni oímos.

¿Podría estar sufriendo psicosis posparto?

A algunas madres primerizas les inquieta la posibilidad de tener psicosis posparto, o temen que los pensamientos aterradores que las asaltan puedan derivar en psicosis. Con frecuencia estos miedos se ven reforzados por noticias sensacionalistas y por el estigma social. Pero lo cierto es que la psicosis es muy diferente de la ansiedad y del TOC. De hecho, para muchas madres y padres primerizos con TOC, el miedo a la psicosis pasa a formar parte de la obsesión. Aun cuando les aseguren que no hay tal riesgo, tal vez no puedan dejar de dudar, preocuparse y hacer continuas comprobaciones. Este comportamiento no responde a una psicosis, sino a la ansiedad. La psicosis presenta síntomas como alucinaciones (ver y oír cosas que no existen), delirios (creencias fijas y falsas), confusión y desorientación graves, cambios drásticos de comportamiento (por ejemplo, nerviosismo, impulsividad o manía) y una incapacidad total para dormir.

El TOC surge del miedo y la duda. El hecho de obsesionarse con ese miedo es la ansiedad; no es señal de que estés perdiendo el contacto con la realidad. Si tú o una persona cercana a ti observan una confusión grave o comportamientos que se salgan de lo normal, busquen ayuda. Con el apoyo adecuado todo se arreglará.

Eres una buena madre o un buen padre con TOC, y no importa lo grave que sea tu trastorno.

Es fundamental recibir un diagnóstico correcto y un tratamiento adecuado.

Si te preocupa lo que puedas estar pensando o sintiendo, consulta a un profesional de la salud y pide ayuda y orientación.

Dios mío, podría clavarle el cuchillo a la bebé. ¿Y si de repente me da por hacerle daño y no puedo contenerme? ¿Si empiezo a apuñalarla sin ser consciente de mis actos? ¿Podría ocurrir algo así SOLO PORQUE SÍ? Sé que nunca lo haría..., ¿no? Claro que no. No soy una persona violenta.
¿Y si pierdo el control?

¿Cómo puedo tener la certeza de que no le causaré ningún daño a mi bebé?

Las obsesiones durante el embarazo y el período posnatal (por muy horrible que sean) no están asociadas con un mayor riesgo de que se lleve a cabo alguna acción o se cause algún daño. Esta es, posiblemente, la frase más importante que leerás en el libro. Tus pensamientos aterradores no harán que actúes en función de hacerlos realidad. No importa lo intensos que parezcan o el terror que te hagan sentir. Solo son pensamientos. Recuérdate que tu ansiedad es una señal clara de que estos pensamientos derivan precisamente de la ansiedad y que *no está ocurriendo nada malo*. Los buenos padres se preocupan porque quieren ser buenos padres. Esta idea debería reconfortarte.

No hay NINGUNA correlación entre tener un *pensamiento aterrador* y actuar para hacer realidad ese pensamiento.

Debería contarle lo de mis pensamientos. Pero no soy capaz. ¿Y si decide que el bebé no está a salvo conmigo? ¿Si cree que de verdad podría hacerle daño? ¿Si llama a los servicios sociales? ¿Y si me detienen? Mejor me callo. Uf... Pero necesito ayuda. ¿Tal vez otro médico lo entendería?
¿Todo va bien desde que tuviste al bebé?
Sí, todo bien...

¿Me van a quitar a mi bebé?

Las buenas madres y padres suelen temer que, si exponen sus pensamientos, alguien les pueda quitar a su bebé. Por desgracia, este miedo se ve agravado por los casos, poco frecuentes pero alarmantes, de profesionales que manejan información errónea e intervienen de manera inadecuada. Te animamos a que no hagas caso de esas historias y a que sigas documentándote para adquirir nuevos conocimientos y estrategias. Tenemos plena confianza en que la formación continua reducirá esas falsas creencias y contribuirá a que las familias se decidan a buscar ayuda. No permitas que esos temores catastróficos al peor escenario te impidan recibir la ayuda y el apoyo que necesitas y mereces.

Prueba lo siguiente:

(¡Llévale este libro a tu médico!)

No, no lo entiendes. Por su estado, el riesgo de que deje de respira es mucho mayo Y ya lo sé, la doctora dijo qu no tenía por qu quedarme vigilando toda la noche. Pero no podría vivir tranquila si le pasara algo y yo pudiera haberlo evitado.

¿Y si en realidad sí le sucede algo a mi bebé?

En este proceso de aprendizaje, tu confianza puede verse minada por la posibilidad de que tu bebé tenga, efectivamente, alguna afección, ya sea un problema de salud, una complicación en las primeras etapas de desarrollo o una predisposición genética. En estos casos, es lógico preguntarse: *¿Cómo puedo distinguir la preocupación real del miedo provocado por el TOC?* Estas situaciones son, sin duda, difíciles, pero no merecen necesariamente el nivel de sufrimiento que te genera la ansiedad. En estos casos, lo mejor que se puede hacer no es entrar en una espiral de preocupación, sino buscar ayuda. Y el primer destino al cual acudir es el pediatra de tu bebé. En lugar de permitir que el TOC dicte tu respuesta, recurre a fuentes de confianza para trazar un plan de acción. Puedes tomar las medidas necesarias *y* hacer todo de tu parte para que no sean causa de obsesión.

No permitas que la ansiedad sea la experta.

Busca fuentes fiables de conocimiento en tu entorno

(personas en las que confías y a las que puedes acudir).

Conocimiento médico ____________

Conocimiento educativo ____________

Conocimiento de salud mental ____________

Conocimiento racional ____________

(En definitiva, no dejes que tu ansiedad sea la experta).

Mi pareja
tiene que cuidar
de mí

No soy
suficiente para
el bebé

Me estoy
quedando atrás
en el trabajo

Me
desconecté
de mis
amigos

No debería ser
tan NEGATIVA
todo el tiempo

Solo llamo a m
padres cuando
necesito ayuda

No estoy
cuidando bien
a la bebé

No estoy
CREANDO
VÍNCULO con
el bebé

No debería estar
todo el tiempo
con el celular

No quiero
volver a tener
relaciones sexuales
nunca más

¿Y si no soy capaz de perdonarme?

El sentimiento de culpa es una fuerza opresora. La presencia de pensamientos intrusivos puede generar una profunda sensación de vergüenza que se instala en el pecho y parece quedarse allí para siempre. Pero el simple hecho de que estés leyendo este libro ya demuestra que no vas a dejar que esos pensamientos te definan. Sabemos que te sientes culpable, pero no hay nada que perdonar. No estás haciendo nada malo.

¿De qué te sientes culpable?

____

¿Qué le dirías a una persona querida que te confesara un sentimiento de culpa parecido?

____

¿Qué clase de madre tiene estos pensamientos? ¿Y si le arruino la vida a mi hijo para siempre? Estará bien el bebé si su madre es una persona horrible? ¿Quién soy?
TU BEBÉ FELIZ
Tu bebé feliz
Educar a la francesa: la clave del éxito
La madre natural
Cómo ser una madre maravillosa

¿Puedo ser una buena madre o un buen padre si tengo TOC?

Aunque es comprensible que pongas en duda tu capacidad para ser una buena madre o un buen padre cuando tus pensamientos te dominan, es importante que recuerdes que eres *perfectamente capaz* de ser una buena madre o un buen padre aunque tengas TOC. No, no vas a arruinar la crianza de tu hijo. Los pensamientos intrusivos y las compulsiones no disminuyen tu capacidad de amar, criar y cuidar a tu bebé. De hecho, muchas veces esos pensamientos surgen por lo mucho que te importa. Con las herramientas adecuadas, con ayuda y con autocomprensión, puedes controlar los síntomas de TOC y crear un entorno seguro, saludable y lleno de amor para tu bebé.

¿Qué me hace ser perfectamente capaz de criar a mi bebé?

SOY SUFICIENTE

1. ____________________
2. ____________________
3. ____________________
4. ____________________

Chapter 6

Bloqueos involuntarios

¡Ve a mirar otra vez! ¿Y si sucede algo?
Esta voz es del TOC. No tengo qué hacerle caso.

¿Estás pensando de manera compulsiva?

El TOC actúa de forma insidiosa. A veces no es fácil distinguir entre tu verdadero yo y tus pensamientos. ¿Qué significa externalizar tus pensamientos y separarlos de tu identidad real? Se puede aprender a detectar un pensamiento, respirar profundamente, reconocerlo y dejarlo aparcado de momento. Al externalizar tus pensamientos, los observas con más objetividad y eso te permite no caer en un análisis desenfrenado. Imagina que el pensamiento es correo basura en tu bandeja mental: no requiere respuesta. Es tu TOC intentando engañarte. Tu verdadero yo es una entidad distinta de tus pensamientos intrusivos: *estos pensamientos son síntomas*.

¡Ay, no! No quiere mi leche. No puede ser buena señal. A lo mejor es alérgica. Debe ser eso, intolerancia a la lactosa. Esto lo cambia todo. ¿Y ahora qué HAGO? No puedo pasarla al biberón así como así. Además, ¿la LECHE EN POLVO tiene lactosa? Si sigue vomitando, no va a recibir los nutrientes que necesita. ¿Estará enferma? ¡Ay, Dios mío! ¿¿¿Por qué está pasando esto???

Ups, vomi
Vamos a
limpiarla.
mejor comi
muy rápido

La presencia de tu sesgo de negatividad

El sesgo de negatividad implica que los pensamientos y las experiencias negativos tienden a superar a los positivos o neutros. Tal vez estés concentrándote exclusivamente en los pensamientos intrusivos que dan rienda suelta al miedo y creas que son más importantes —y, por lo tanto, más válidos— que cualquier otra interpretación de la situación. Al fijarte en lo negativo, pasas por alto los posibles resultados positivos o los hechos que contradicen tu miedo. También es posible que no te des cuenta de tus logros o éxitos y que, en cambio, te centres en lo que podría salir mal. Puedes detenerte a observar cómo afecta esto a tu experiencia posparto. Un sesgo de negatividad puede echar a perder en un segundo cualquier momento de alegría con el bebé.

Prueba lo siguiente:

Cuando puedas aprender a sustituir tus pensamientos distorsionados por otros más equilibrados o realistas, te sentirás mejor.

Ejemplo: Si no lo compruebo, va a ocurrir un desastre inimaginable.

Pensamiento alternativo: La última vez que se me olvidó comprobarlo, no ocurrió ninguna catástrofe. Tal vez podría responder de otra manera.

¡Qué MAL! Ya le puse esta loción al bebé. Si lo dicen aquí, será verdad. ¿Qué tengo que hacer?

Aaalto ahí... Que no cun el pánico. Dejaré de usar esta loción a partir de ahora, pero no voy a preocuparme por lo que ya sucedió. Además, ¿quién es es persona que dice esto? El beb está perfectamente y a salvo.

Padres, no usen ESTA loción, es supertóxica.

La espiral de las redes sociales

Vivimos en una época que pone la información al alcance de la mano, y eso tiene grandes ventajas, entre ellas la posibilidad de obtener ayuda las veinticuatro horas del día. Pero, la información disponible también puede estar tergiversada o ser incendiaria o inexacta. Selecciona de manera consciente las fuentes con las que interactúas y decide la importancia que les das. Responder a contenidos que generan ansiedad puede alejarte del momento presente.

Cuando sopeses el placer inmediato que obtienes de las redes sociales, ten presente la ansiedad:

- Buscar reafirmación puede *aumentar* la ansiedad.
- Compararte con los demás también puede *incrementar* la ansiedad.
- Consultar tus cuentas una y otra vez para ver si hay novedades puede convertirse en un comportamiento compulsivo.
- Los algoritmos de las redes sociales están configurados para usar tu actividad y personalizar el contenido que ves, y este proceso puede, de hecho, contribuir a reforzar tus obsesiones.

Prueba lo siguiente:

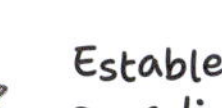
Establece límites. Pon un temporizador para limitar el tiempo que pasas delante de la pantalla.

Retarda la gratificación que ansías. Pospón la urgencia de buscar algo en Google y observa si la necesidad termina desapareciendo.

Desconéctate cuando sientas que estás inundada, y no luches contra la ansiedad que aparezca después de desconectarte.

Cuando te sientas vulnerable, no entres en las redes sociales.

Recuérdate que Google, internet o la inteligencia artificial no saben más que tú sobre cómo debes criar a tu hijo.

¿Cómo hacen estas familias para ser tan organizadas? ¡Y que sus hijos se porten tan bien! El mío no se queda quieto ni un segundo, y menos para tomarle una foto como esta... ¿Por qué el mío no puede sentarse en el columpio como hace el suyo? ¿Tendrá algún retraso? Algo estoy haciendo mal. Seguro que tiene problemas de desarrollo. ¿Le estaré fallando tan pronto?

Todas las familias tienen sus propias dificultades, aunq no las muestren. L que veo en interne solo un momento aislado, no todo e conjunto. Ademá cada bebé se desarrolla a s propio ritmo

Las comparaciones son odiosas

Compararse con los demás es una tendencia natural. Todos los padres se comparan; es una herramienta que usan para calibrar si sus pensamientos, sentimientos o actitudes entran dentro de «lo normal» o son «aceptables». Pero usar a los demás como punto de referencia puede desatar pensamientos obsesivos y reforzar la necesidad de reafirmación externa, y este comportamiento impulsa el ciclo del TOC. Una forma de romper este patrón es reconocer que las comparaciones no son confiables y que, en cambio, centrar la atención en nuestro propio progreso no solo es más productivo, sino también más satisfactorio.

Prueba lo siguiente:

No podemos saber qué batallas están librando los demás. Intenta redirigir tu atención hacia tu situación actual con gratitud y autocomprensión.

- Merezco el mismo cuidado y cariño que le proporciono a mi bebé.
- No pasa nada por necesitar ayuda; estoy aprendiendo y creciendo.
- Soy suficiente para el bebé tal como soy.
- Siento agradecimiento por los momentos de calma con el bebé.
- Agradezco el amor que siento, incluso cuando tropiezo con dificultades.
- Cada persona es diferente, y lo que al bebé de otro le funciona tal vez no le funcione al mío.

Buscar confirmación es una compulsión y no tranquiliza de forma duradera. Tensa la relación y no rompe el ciclo de pensamientos de preocupación y ansiedad

Comportamientos de nuestros seres queridos que NO son de ayuda

Hasta ahora nos hemos centrado en lo difícil que puede ser el TOC para la persona que lo padece. Sin embargo, también a sus seres queridos les puede costar sobrellevarlo. Es frecuente que se vean arrastrados al ciclo del TOC y que, con el tiempo, este incluso termine acaparando buena parte de su vida diaria.

Si eres la pareja o un allegado de una persona con TOC, tu instinto de ayudar a que se sienta mejor es positivo. Sin embargo, el hecho de ofrecerle un confort bien intencionado puede reforzar el ciclo del TOC basado en la ansiedad y la búsqueda de alivio. Reconfortar en exceso («Todo está bien») o participar en sus rituales («De acuerdo, reviso las puertas otra vez») puede, en realidad, confirmar su ansiedad y hacer que sea más difícil romper el círculo. Tampoco ayuda mostrarse racional, porque el TOC no se rige por la lógica, y tratar de responder con la razón puede hacer que la persona querida se sienta aún más incomprendida.

Para la pareja y los seres queridos:

Algunas cosas que NO hay que hacer:

- Procura no favorecer el comportamiento compulsivo. Como explicamos antes, cuando participas en el ritual, permites que el TOC actúe a sus anchas.
- Distraer a la persona puede funcionar para aliviar la ansiedad momentáneamente, pero no aporta una mejora duradera.
- No le digas que simplemente DEJE de preocuparse o de comportarse así.
- Trata de no restar importancia a su sufrimiento ni castigar su comportamiento obsesivo-compulsivo emitiendo juicios. La lucha que está librando esa persona querida es real, y lo que quieres es que lo comprenda.

Cariño, ¿tú crees que respira bien? Mira cómo se le acelera el torso. Creo que va demasiado rápido. A lo mejor se está enfermando. ¿Seguro que está bien? ¿Cómo lo sabes?
Sé que esto es difícil par ti porque es muy chiquitin y frágil. Sientes ansiedad. Sé que es incómodo no tener una respuesta definitiva, pero vamos a confiar en que todo va bien por ahora y tamb vamos a darnos permi para descansar.

Comportamientos de nuestros seres queridos que SÍ PUEDEN ser de ayuda

El TOC no tiene buen acomodo en una relación. Es fundamental buscar un equilibrio que permita mostrarse comprensivo sin reforzar los síntomas. El cariño y el apoyo son solo una parte de la respuesta óptima que debe darse al TOC.

Consejos para la pareja y las personas cercanas:

- Infórmate para entender el TOC de un modo más realista.
- Ofrece apoyo sin ceder a las compulsiones; por ejemplo, si la persona busca confirmación una y otra vez, anímala amablemente a tolerar la ansiedad.
- No favorezcas los rituales o los comportamientos, aunque en el momento parezcan inofensivos.
- Valida sus emociones: reconoce su angustia sin emitir juicios.
- Celebra los pequeños logros, como resistirse a una compulsión o soportar una situación de incomodidad.
- Equilibra la empatía con límites saludables. Recuerda a la persona que crees en su capacidad para afrontar la ansiedad sin ceder al TOC.

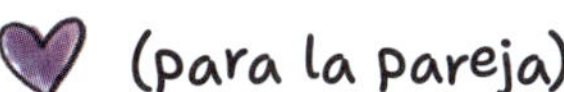

(para la pareja)

- «El TOC te está atacando con fuerza ahora mismo. ¿Qué puedes hacer para encararlo?». (Así se muestra empatía sin facilitarle las cosas).
- «Sé que es muy difícil, y sé que tienes fuerza de sobra para combatir tu TOC». (De este modo se incide en la idea de que el TOC es algo separado del yo y se invita a tolerar la incertidumbre).
- «Estás buscando que alguien te tranquilice. En vez de eso, ¿qué podrías hacer por tu cuenta?». (Así se favorece tanto la autonomía en la gestión de la ansiedad como el desarrollo de habilidades).

(PARA TI)

«Estoy tratando de soportar un momento de incomodidad. ¿Me ayudas a sortear la ola?».

Chapter 7

Estrategias ineficaces

No le presto toda la atención que necesita. Si no recibe suficientes estímulos a lo largo del día, no tendrá un desarrollo correcto. ¿Para qué voy a asistir a los talleres de crianza u organizar encuentros para jugar, para ver cómo los demás niños se desarrollan más rápido? Las otras madres siguen rutinas estrictas, no como yo. Lo mejor es que me quede en casa, y así no me juzgaré tanto.

¿Acaso me siento mejor p
evitar estas situaciones
sociales? Pues..., en realid
cuanto más alejada me
mantengo, más me doy
cuenta de que no hacer lo
hacen las otras mamás ta
NO sea lo más acertado.
Cuanto más me aíslo, más
ansiedad siento y más dudo
misma. No me ayuda para na
Tal vez si vuelvo al grupo d
bebés consiga soportar la
presión de no ser «perfe
¡Nadie lo es!
siquiera los
padres qu
parecen.
Vamos
pued
hac

(No) seguir evitando

La evitación puede parecer el comportamiento más sensato, porque proporciona un alivio inmediato ante un miedo angustioso. Ofrece un confort temporal que refuerza el comportamiento, con lo cual será más probable que se repita. Sin embargo, el alivio es efímero; al final, lo que consigue es intensificar el ciclo de ansiedad y, con el tiempo, dar más poder a la obsesión. La evitación enseña a tu cerebro que el alivio se consigue escapando de la situación o el pensamiento que inspiran temor, en lugar de demostrarte que eres capaz de tolerarlo.

La verdadera recuperación consiste en mirar tus miedos de frente y en trabajar la confianza, en lugar de permitir que sea la evitación quien dicte las órdenes.

Perdona que no te haga caso, TOC
Tengo un montón de cosas que hacer, y escuch no está en mi lista.
NUNCA serás una buena mamá. No tienes ni idea de lo que haces.
¡Estos solo son pensamientos! No pueden hacerme daño.

(No) creer que tus pensamientos aterradores son hechos reales

Los pensamientos intrusivos suelen tener fijación con lo que más valoras o lo que más miedo te da perder. Estos pensamientos chocan con tus creencias más profundas, generan un malestar que hace que les prestes más atención y que parezcan más poderosos. Este ciclo envía el falso mensaje de que ese pensamiento merece toda tu atención. En realidad, estás aprendiendo que incluso estos pensamientos negativos tan intensos son *solo pensamientos*. No tienen el poder de causarte daño; solo te engañan haciéndote creer que así es.

Sabemos que es muy tentador creer en tus propios pensamientos.

«Si se me pasa por la cabeza, se hará realidad».

«Debería tener mis pensamientos bajo control en todo momento».

«No podré dejar de darle vueltas».

«Pensar así significa que voy a caer en la locura, a perder el control o a convertirme en una persona violenta».

«Si pienso esto, es porque soy una mala persona».

RECUERDA: Tus pensamientos negativos parecen convincentes, pero no demuestran ninguna realidad. Reconoce que son solo pensamientos, no advertencias, y sigue adelante con lo que estés haciendo.

¡Otra vez no! Sal de mi cabeza. Qué pensamiento más horroroso. Si se me ocurre algo así, debo ser una persona horrible. ¿Por qué no SE VA? ¿Qué dice de mí esta monstruosidad? Tengo que averiguarlo o conseguir que se detenga. ¿Y si nunca dejo de pensar estas cosas? ¿Qué le pasa a mi cerebro? No puedo seguir así. Tengo que parar. Deja de pensar eso... ¡Ya está bien! Maldita sea... ¿Por qué no te vas? No puedo más.

De acuerdo, sí, es espantoso. Es mi sister de alarma, que reaccio de forma exagerada. M sistema nervioso está hiperactivo. Parece urgente, pero soy consciente de que no e más que ruido. Si me empeño en que desaparezca, será aún pe Aunque crea que debo detenerlo o reprimi estoy aprendiendo que se irá sin que y haga nada. Puedo dejar que esté ahí s necesidad de darle una respuesta.

(No) intentar reprimir los pensamientos

Reprimir los pensamientos no funciona. Cuanto más intentas reprimirlos, más fuerza cobran, de manera análoga a lo que ocurre con la evitación y su forma de amplificar el comportamiento. Te animamos a que, en lugar de reprimir los pensamientos, dirijas tu atención hacia otras cosas, aunque el cerebro intente arrastrarte de nuevo hacia la ansiedad. Tu bebé es una fuente de interacción maravillosa y, si se lo permites, puede ayudarte a romper el ciclo de ansiedad. No se trata simplemente de que te distraigas para evitar la ansiedad, sino de que sumerjas tu mente por completo en algo que de verdad capte tu atención. Al hacerlo, podrás aceptar la presencia de los pensamientos (aunque te suponga un esfuerzo), sin rechazarlos, y con el tiempo te ayudará a reducir su poder.

Prueba lo siguiente:

La paradoja del control

Imagínate que intentas mantener un globo de agua inestable y tambaleante en equilibrio en la palma de la mano.

Normalmente tu instinto te impulsará a apretar el puño para sujetarlo. Al hacerlo, o bien el globo se te resbalará de la mano, o bien se te escurrirá y explotará salpicándolo todo. En cualquier caso, has perdido el control. La mejor manera de controlar un globo de agua inestable es dejar de apretarlo y abrir la mano. Cuando lo sueltas despacio, obtienes el control total.

10:00
10:30
11:00
11:30
Voy a comprobar que las puertas estén cerradas con llave y despues vuelvo.
Vuelvo en un minuto, solo voy a comprobar las puertas.
Antes de acostarme tengo que comprobar las puertas. Será un segundo.
¡Uf, qué agotamiento! ¿Habr cerrado las puertas? Creo que s pero no estoy segu ¿Y si se me olvidó? No podré pegar ojo hasta que lo mire.
Cada vez que bajo a compro-bar las puertas, están cerradas. En realidad, el problema no son las puertas. Lo que pasa es que me cuesta tolerar la incertidumbre. Siento que comprobarlo me ayud pero está claro que solo me mantiene en estado de ansied e insomnio. Tal vez esta noche debería probar a actuar d otra manera y confiar en que todo está bien.

(No) minimizar el costo de tu TOC

Es fácil inclinarse a restar importancia a las compulsiones y considerar que no son un gran problema: *solo* un vistazo rápido al bebé o *solo* treinta segundos para lavarte las manos otra vez. Pero el TOC siempre quiere más. Estos comportamientos «insignificantes» se van acumulando. Nunca es tan sencillo como parece, y, cuanto más ignoramos el tiempo, la energía y el desgaste emocional que supone el ciclo obsesivo-compulsivo, más fuerte se vuelve. Si te detienes a tomar distancia, tal vez te percates del agotamiento que te ha causado la ansiedad. El costo real del TOC es mucho mayor que cualquier alivio momentáneo que pueda prometer.

Lo que pretendo:

Puedo aprender formas nuevas de responder a la ansiedad para no dejar que me dominen mis pensamientos.

¿De qué maneras me está frenando el TOC?

1.
2.
3.

¿Qué cosas me gustaría poder hacer o disfrutar?

1.
2.
3.

Me está costando mucho lidiar con el TOC, y a veces tengo pensamientos o comportamientos que me generan un gran estrés. Me cuesta verbalizarlo, pero me gustaría intentarlo.
Gracias por compartirl conmigo. Hablar de todo esto puede ser de gran ayu En este espacio no tienes qu preocuparte de que nadie t juzgue. ¿Te apetece contar cómo te han afectado últimamente algunos de es comportamientos?
Terapia por FaceTime 13:00 h

(No) ocultarte tras el muro de la vergüenza

Sentir vergüenza por el contenido de tus pensamientos, por la índole de tus compulsiones o por cómo el TOC choca con tus valores personales puede reforzar el control que el TOC ejerce sobre ti. En general, la gente tiene ideas equivocadas sobre el TOC, y tu miedo al qué dirán, al estigma y a la autocrítica solo consiguen aumentar los sentimientos de culpa y humillación. Este miedo puede llevarte a enmascarar los síntomas y a que intentes protegerte para no sentir que se te juzga o se te ridiculiza. Pero la vergüenza se nutre del secreto y el silencio. Ocultar tus síntomas solo agrava tu ansiedad y prolonga tu sufrimiento.

Prueba lo siguiente:

¿Puedo contarte una cosa un poco rara?

¡Claro!

Empieza por compartir uno de tus pensamientos intrusivos o comportamientos compulsivos con una persona de confianza, por ejemplo un amigo cercano, un familiar, un terapeuta o un grupo de apoyo. Compartir tus pensamientos con alguien que te escuche sin juzgarte puede normalizar tu experiencia y reducir el aislamiento.

Chapter 8

Lo que puedes hacer para sentirte mejor

Cielos, no me había dado cuenta de que las compulsiones me quitaban tanto tiempo durante el día. Se me fue por completo de las manos... A lo mejor debería detenerme a observar cómo me siento y averiguar por qué me asaltan estas compulsiones por las mañanas. ¿Qué tienen las mañanas, que me resultan tan difíciles? Tal vez necesite dormir más o seguir una rutina o estrategia más adecuada par sobrellevar mejor las mañanas.
Detección de síntomas
PAPÁ
N.º 1

Conoce tus síntomas

Cuando se activa tu ansiedad, ¿eres consciente del momento en el que está ocurriendo? Tal vez lo reconozcas cuando aparece algún síntoma físico o cuando la necesidad de realizar determinados comportamientos se torna irresistible. Algunas personas con TOC describen sus síntomas como un tren que sale de la estación: ya no te queda más remedio que esperar hasta que te permitan bajar. En vez de aguardar a que la ansiedad te agarre, trata de reconocer las primeras señales. Cuando identifiques los patrones y los desencadenantes relacionados con tu TOC, podrás interrumpir estos ciclos con más antelación y empezar a recuperar el control.

DETECCIÓN DE SÍNTOMAS

Este ejercicio te ayudará a comprender tu TOC, tu ansiedad y cómo evolucionan. Utiliza esta herramienta para detectar las situaciones que te generan ansiedad.

Situación	Pensamiento intrusivo	Nivel de incomodidad 1-10	Respuesta compulsiva	Tiempo invertido en la compulsión	Tiempo que tardó la ansiedad en desaparecer
Ej.: La niña no quiere comer esta mañana.	¿Y si nunca vuelve a comer? Se morirá de inanición.	6	La pesaré varias veces durante el día.	2 minutos x 10 veces	45 minutos

Tengo que ir a ver cómo está la niña cada vez que se me pase por la cabeza. Si no voy a ver constantemente si respira,, se va a morir.
Siento una necesidad imperiosa de comprobar
niña está bien, pero es
TOC. Tengo que
mí misma que puede
perfectamente sin que
compruebe tanto.
puedo quitarme
esta

Reencuadrar los pensamientos aterradores

El TOC se presenta como una verdad absoluta. Ofrece pautas inequívocas que hay que cumplir al pie de la letra para que todo vaya bien. Cuando interpretas las obsesiones como algo inevitable y las compulsiones como reglas estrictas, apartarse de ellas te parece un comportamiento prohibido y peligroso. Un modo de combatir este marco mental es el *reencuadre cognitivo*. «Reencuadrar» significa dar un paso atrás para poner en cuestión esas reglas tan rígidas y poco realistas que impone el TOC y reformular el mensaje para que sea menos absoluto.

En lugar de tratar estas reglas como hechos, reencuadrar tus pensamientos te permite verlos como hábitos mentales, no como verdades. Hacerse preguntas como «¿qué pruebas justifican este miedo?» o «¿cómo vería esta situación si no estuviera bajo los efectos de la ansiedad?» puede rebajar el perfeccionismo y la creencia de que la imperfección conduce al caos. Con el tiempo, observarás que desoír tales reglas no produce los resultados que te presenta el TOC, sino que abre un espacio de libertad.

Reencuadre cognitivo

Este ejercicio te ayudará a cuestionar y reencuadrar tu TOC.

Situación	Pensamiento intrusivo	Respuesta compulsiva	Pensamiento reencuadrado	Nueva respuesta
Ej.: La niña no quiere comer esta mañana.	¿Y si nunca vuelve a comer? Se morirá de inanición.	La pesaré varias veces durante el día.	Hay veces en que no tengo hambre y, sin embargo, no me entra pánico. ¿Por qué no puede ocurrirle lo mismo a ella?	Antes de entrar en crisis, observemos cómo come durante los próximos dos o tres días.

¡Necesito una seguridad absoluta! A menos que puedas garantizarme con total certeza que no va a pasar nada, no voy a ser capaz.
Tienes que llevar al bebé en coche. Han pasado meses desde la última vez, y sé que te da miedo, pero tienes que volver a intentarlo. No puedo seguir llevándolos a ti y al bebé a todas partes.
De acuerdo. Ojalá las cosas fueran de otr manera, pero conducir conllev cierto riesgo y no h nada que pueda ha para cambiar eso. Antes de tener el bebé no me daba miedo conducir. que tengo que superarlo. Pued hacerlo. Puedo aceptar la ansiedad y, a así, ser capaz conducir.

Poner en práctica la aceptación radical

¿Con qué frecuencia piensas «esto no debería ser así» u «ojalá las cosas fueran de otra manera»? El simple hecho de desearlo no altera la realidad. Resistirse a aceptar esta verdad conduce a una inmensa frustración. La aceptación radical es un concepto fundamental de la terapia dialéctica conductual (TDC) y significa reconocer plenamente tu realidad —pensamientos, emociones y circunstancias— sin juzgarla. No implica que debas validar tu ansiedad o resignarte ante ella, sino reconocer que el cambio solo es posible después de aceptar las cosas tal y como son. Sin esa aceptación, corres el riesgo de que te atenacen la vergüenza o la amargura. La aceptación radical permite que haya espacio para la paz mental y la realización de logros sustanciales.

- Observa tu resistencia a los hechos y a la realidad de la situación.
- Deja que la decepción o el dolor estén presentes, sin tratar de ahuyentarlos.
- Recuérdate que las cosas son tal como son ahora mismo, al margen de cómo te gustaría que fueran.
- Repite un mantra que te funcione. Por ejemplo: «No me gusta, pero puedo soportarlo».
- Imagínate una escena en la que eres capaz de aceptar que esto está sucediendo. Visualízate afrontándolo con entereza.
- Practica la autocomprensión. Recuérdate que estás haciéndolo todo lo mejor que puedes.
- Confía en el proceso.

¡Ay, lo tomó del suelo! Era nuevo y estaba esterilizado. ¡Puaj, quítaselo de la boca ahora mismo! ¿Y si tiene bacterias o virus peligrosos? ¿Y si se enferma porque no reaccioné a tiempo? ¿Y si ya tiene la boca invadida de gérmenes? No puedo soportarlo. Tengo que quitarle ese chupete y darle uno nuevo.
Mi ansiedad está aumentando porque no certeza posible, pero es significa que pase algo malo. No necesito est segura al 100 % para estar tranquila. La probabilidad de que s enferme por esto es increíblemente baja Los bebés están expuestos a gérme continuamente, y la mayoría de los casos están bie Quitárselo aho solo me hará sentir ansied El niño está b
Q - R

Aceptar la ambigüedad

Cuando el TOC está en acción, tal vez notes que las dudas, por pequeñas que sean, te generan una creciente incomodidad. Tener un bebé impone exigencias a tus pensamientos y comportamientos y conlleva grandes dosis de imprevisibilidad, una situación altamente incompatible con la búsqueda de certezas. Pero, si bien es cierto que la incertidumbre genera ansiedad, también lo es que ofrece oportunidades de aprendizaje y crecimiento. Si reencuadras la ambigüedad y las incógnitas para ver en ellas una fuente de posibilidades y no solo una situación de riesgo, podrás empezar a cambiar tu respuesta emocional. A lo mejor al principio esta idea parece impensable. Sin embargo, es cuestión de práctica: cuanto más lo intentes, más capaz serás. La vida no ofrece garantías, y esta es una máxima difícil de asumir. Aun así, cuando te permitas aceptarla plenamente, empezarás a notar que tu ansiedad disminuye.

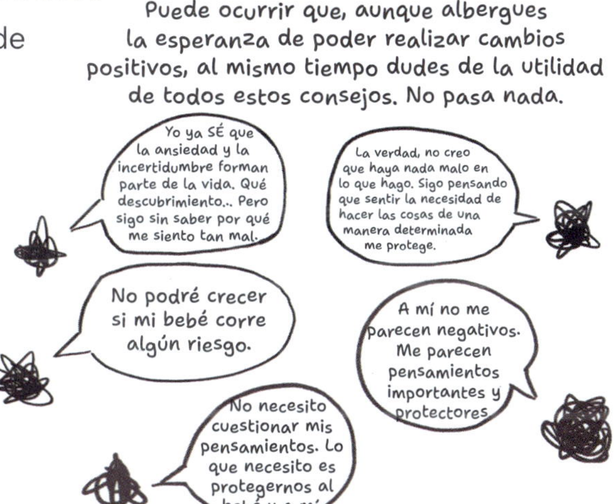

alejarte de la agotadora búsqueda de la perfección y el control, creando espacio para la aceptación.

Cuánto me alegro de haber venido y no haberme dejado llevar por la ansiedad. ¡Mira qué sonrisa! Y pensar en todos los momentos que me he perdido por tener miedo... Gracias por comprender-derme y animarme.
¿Lo ves? Eso es lo que intentaba decirte. Sé que es difícil, pero lo podemos lograr.

Encarar tu ansiedad

El TOC quiere que te rindas. Ceder ante la ansiedad parece la respuesta más fácil y segura. Pero ¿y si el TOC te está engañando? ¿Y si tu ansiedad está exagerando los riesgos? ¿Y si el único modo de fortalecer tu sentido de identidad es abrirte camino a través de la ansiedad y el TOC? ¿Y si, en definitiva, permitirte sentir esa ansiedad te aporta un bienestar inesperado? ¿Y si tratar de ampliar perspectivas, como haces al leer este libro, te permite ver aspectos que no habías considerado y disfrutar de lleno de esa nueva forma de alegría?

Cuando sientas ansiedad o estés intentando resistirte a una compulsión, puedes elegir no ceder.

Di en voz alta:

«Mira, TOC, ahora no puedo atenderte».

«Gracias por darme la oportunidad de sentir esta inmensa ansiedad y ver que aún puedo oponer resistencia».

«Vamos, intenta hacer que me sienta impotente. Atrévete».

«Gracias por tu opinión, TOC, pero no voy a aceptar tus consejos sobre crianza».

Chapter 9

¿Funciona el tratamiento? (Una pista: sí, puede ser muy útil)

¿Has pensado en opciones de tratamiento para estos síntomas?
No sé si será de ayuda.
El tratamiento es una pérdida de tiempo y dinero. Tal vez a otras personas les funcione, pero mi ansiedad es distinta. Llevo viviendo con esto mucho tiempo y no hay remedio posible. Tal vez es que yo soy así, y ya está.

Dudas y datos

El TOC se puede tratar. Y... no pasa nada si sientes escepticismo. Es un proceso que exige valentía y arrojo. Sigue leyendo y plantéate estas consideraciones:

- Si ya has probado algún tratamiento antes, es comprensible que tengas dudas.
- Aunque antes se pensaba que el TOC no se podía tratar, ahora hay muchas terapias que son eficaces.
- El 70 % de las personas con TOC experimentan mejoras considerables con medicación, terapia o ambas cosas.
- Los ISRS (inhibidores selectivos de la recaptación de serotonina) son medicamentos antidepresivos que se utilizan para tratar la depresión, la ansiedad y el TOC. Se ha descubierto que reducen los síntomas del TOC en el 40-60 % de las personas, en especial cuando se combinan con terapia.
- La terapia de exposición con prevención de respuesta (EPR) puede reducir los síntomas en el 60-80 % de las personas con TOC.
- El cerebro es capaz de reconfigurarse a sí mismo —un proceso que se denomina «neuroplasticidad»—, y confiar en esta capacidad innata puede reforzar tu confianza en el tratamiento. Los pensamientos intrusivos pueden seguir apareciendo y desapareciendo, pero es posible aprender a gestionarlos.

Recuerda,
el objetivo no es la perfección, sino el progreso.

Antes → → → → Ahora → → → Futuro

TCC
EPR
TAC
TBI

Cambio cognitivo

Los estudios demuestran que el TOC se puede dividir en dos categorías: pensamientos y acciones. La mayoría de las terapias e intervenciones basadas en evidencia se centran en ambas categorías, y ayudan a las personas a ajustar sus reacciones ante los pensamientos intrusivos y a romper el vínculo entre las obsesiones y las compulsiones. Existen varios tratamientos específicos para el TOC:

- La *terapia basada en la inferencia (TBI)* cuestiona las dudas que crea el TOC y reduce la tendencia catastrofista que lleva a imaginar los peores escenarios posibles. Promueve un pensamiento más realista y equilibrado, en lugar de la reacción ante miedos o posibilidades imaginarias.
- La *terapia de aceptación y compromiso (TAC)* no pretende modificar los pensamientos que generan angustia, sino que busca que la persona sea consciente de ellos y elija respuestas basadas en valores. Fomenta la autocomprensión, una mayor conciencia y menos vergüenza.
- La *atención plena* (*mindfulness*) refuerza la terapia al aumentar la conciencia, calmar la reactividad y dejar espacio para los pensamientos intrusivos sin juzgarlos.

¿Y si el biberón no está limpio? ¿Y si lo mezclé mal? ¿Y si le pasa algo al niño?
Pasos de la EPR
Prepara el biberón sin la ayuda de tu pareja.
Comprueba la leche UNA VEZ, nada más.
Dáselo al bebé sin volver a comprobarlo.
No pasa nada por sentir esta ansieda
Es la forma en que le enseño a m
cerebro que estoy a salvo.

Exposición

De todos los tratamientos que existen para el TOC, la terapia de referencia es la exposición con prevención de respuesta (EPR). La EPR es una forma de terapia cognitiva conductual (TCC) que expone a la persona a situaciones, pensamientos y objetos que le causan temor y la ayuda a contener el impulso de llevar a cabo las compulsiones. Esta práctica enseña que la ansiedad puede disminuir aunque no se lleven a cabo los rituales. La EPR funciona mediante un proceso llamado «habituación», en el que la angustia disminuye con el tiempo de forma natural, a medida que el cerebro aprende que los resultados temidos no son tan probables como parecen. Al principio puede generar una intensa incomodidad, pero, con la práctica, el malestar se vuelve más soportable y da paso a una sensación de alivio.

Exponerse al riesgo de forma reiterada permite reducir la angustia y ayuda a mantener esa reducción a lo largo del tiempo.

Ya sé que acabo de comprobar los juguetes. Lo sé. ¿Y si se me pasó algo? ¿Y si hay una enfermedad invisible y la contrae? Nos lavamos las manos al volver de la tienda. Bien. Desinfecté los juguetes y también mis manos. Un momento... ¿si, no? ¿Y si tenía la intención, pero no llegué a hacerlo? Debería volver a lavármelas. Solo para estar segura.
No, es la ansiedad la que me habla. Ya hice todo lo que tenía que hacer. No necesito hac nada más para estar a salvo. Este sentimiento va pasar. Puedo soportarlo.
DESTRU
99 % de
GÉRMEN

Resistencia a los rituales

Una parte fundamental del tratamiento consiste en romper el ciclo entre la ansiedad y la necesidad de responder con compulsiones. El objetivo es contener ese comportamiento, aunque te resulte aterrador o incómodo. Empieza por posponer tu respuesta: intenta esperar cinco minutos y aumenta ese tiempo de forma paulatina hasta que dejes de llevar a cabo el ritual. Recuérdate que esa ansiedad no es un indicio de que vaya a ocurrir algo malo. Deja que la ansiedad alcance su punto más alto y disminuya, sin necesidad de que hagas nada. Si no sabes si es verdadera compulsión, siempre puedes decidir no comprobar, no rumiar en exceso o no comparar. Recuérdate que siempre habrá un margen de incertidumbre y que tu respuesta ante la ansiedad no va a cambiar ese hecho.

¿Tomar medicamentos significa que no soy lo bastante fuerte como para hacerlo por mí misma? ¿Y si hay efectos secundarios que me hacen sentir peor? ¿Y si interfieren en mi labor como madre? ¡Hay tantas implicaciones!

Cuidarme a mí misma
ayudará a cuidar al b
Merezco sentirme me
No pasa nada por pr
y ver si esto me ayud
Puedo consultar al
médico para averigua
qué es lo mejor. S
con esto logro
reconectarme
conmigo misma
quizás valg
pena
intentarl
Si tuvier
faringitis
estreptocó
tomaría
medicaci
para senti
mejor.

¿Medicación?

La medicación puede resultar eficaz en el tratamiento del TOC. Si se utiliza medicación, la primera opción son, por lo general, los inhibidores selectivos de la recaptación de serotonina (ISRS). Estos medicamentos aumentan la cantidad disponible de serotonina, que es un neurotransmisor asociado al estado de ánimo y la ansiedad. Ten en cuenta que, en el caso del TOC, suelen necesitarse dosis más altas de ISRS para que el tratamiento resulte plenamente eficaz. La decisión de tomar medicación nunca es fácil, pero la eficacia de los medicamentos para tratar los síntomas del TOC ha quedado ampliamente demostrada, en especial cuando se combinan con terapia. Consulta a tu profesional de la salud; te ayudará a tomar una decisión informada que te aporte seguridad.

Piensa en esto:

El factor más importante que debes tener en cuenta para determinar si te vendría bien o no tomar medicación o si deberías probarlo para ver si te ayuda es: TU NIVEL DE ANGUSTIA

Si tus síntomas interfieren en tu capacidad para desarrollar tus actividades diarias, comunícaselo a tu profesional de la salud para que puedan discutir juntos los posibles tratamientos.

Chapter 10

¿Mi yo libre?

Ups...
Bueno, eso
fue elegante

Permiso para aceptar tu lado humano

Ser humano implica cometer errores. El error no es un fracaso, forma parte de la vida misma. En lugar de esforzarte por alcanzar la perfección, busca autocomprensión. Permítete la libertad de tropezar y el valor de volver a intentarlo. Aunque esta etapa de la vida puede resultar desbordante, no olvides un dato increíble: el cerebro posparto está programado para el cambio. Recuerda que la neuroplasticidad es tu aliada. Incluso en medio del caos, los pequeños pasos que das para adoptar nuevos patrones y respuestas más saludables logran cambios reales. Los ejercicios que propone este libro respaldan la capacidad natural de tu cerebro para cambiar y adaptarse durante este período de transformación. El cambio es posible, y ya estás en el proceso de hacerlo realidad.

Practicar nuevas habilidades aunque sea durante breves instantes puede crear hábitos nuevos y duraderos.

Qué mal, todo fatal. ¡NUNCA LOGRARÁS HACERLO BIEN!
Hoy te ignoraré, TOC.

Guárdate los comentarios

Cuando aprendes nuevas habilidades, tu voz crítica interior puede ser especialmente insistente y ruidosa. El TOC tratará de minimizar los progresos que estés realizando. Te susurra juicios severos, abunda en tus dudas y te convence de que tus pensamientos intrusivos reflejan quién eres. Aprender a acallar esa voz no consiste en silenciarla por completo, sino en cambiar tu relación con ella.

Bueno, ¿qué tal todo últimamente?
Me he sentido mucho más dueña de mí misma. No he hecho ningún ritual y ha sido más fácil sobrellevarlo. Pero sigo teniendo pensamientos intrusivos.
La verdad es que los pensamientos intrusivos forman parte de la vida de todo el mundo. Pero piensa en cuánto han dejado de controlar tu vida. Llegará un punto en que esos pensamientos apenas serán relevantes. Como una llamada spam que puedes ignorar sin prestarle atención.
Visto así, creo que puedo vivir con eso.

Tu mente inquieta

Para superar el TOC hace falta práctica: una práctica diaria e imperfecta. No es suficiente tomar conciencia de tus pensamientos; el verdadero progreso pasa por observarlos sin juzgarlos, tratarte con amabilidad y autocomprensión y decidirte a dar pasos pequeños y valientes para lograr aquello que más valoras. Recuerda que la recuperación no consiste en ser perfecto, sino en cuidar de ti —las veces que hagan falta— con paciencia y valentía. Al final, de lo que se trata es de cambiar el miedo y la urgencia por la curiosidad y la aceptación.

La práctica no lleva a la perfección. La práctica crea **RESILIENCIA.**

CAÓTICA
VACILANTE
DESESPERADA

SELECTOR MENTAL

SERENA
FIRME
REFLEXIVA

«¿Y si...?».

«Dios mío, tengo que volver a comprobarlo».

«Y luego... comprobarlo otra vez».

«Voy a estar así toda mi vida. SOY mi TOC».

«Qué es lo peor que podría pasar ahora mismo?».

«Necesito garantías, y punto».

«Estoy bien. Pued
decidir hacer lo que
sea mejor para mí».

«Esto me resulta
incómodo, pero
también lo es que m
siga controlando la
ansiedad».

«Estoy fortaleciend
un músculo al que
últimamente no le h
prestado mucha
atención; no siempre
será tan difícil

«Soy más que
mi TOC».

El TOC y mi verdadero yo

El TOC puede hablarte en voz alta, puede gritar o puede ser un susurro continuo. Pero no es la voz de tu verdadero yo. El TOC puede pelear contigo, ser demandante y engañarte, pero no es la esencia de la persona que eres. *Tú* eres quien oye ese ruido. Hay personas que llegan a sentir que el TOC no es solo algo que *tienen*, sino que define lo que *son*. Somos conscientes de que el TOC está profundamente imbricado en tu forma de pensar, de sentir y de moverte por el mundo, y tal vez resulte difícil imaginarse una vida sin él. Pero el TOC es solo una parte de ti. Más allá de las dudas que genera, y de los rituales y la necesidad de certeza que impone, *todavía hay una parte de ti que tiene poder de elección*. Esa parte de ti puede *decidir*, aunque sea en momentos aparentemente insignificantes, cómo responder a las exigencias del TOC.

Preparé el biberón sin darle demasiadas vueltas.
Cuestioné mis pensamientos intrusivos.
Practiqué la autocomprensión.
Contuve un comportamiento compulsivo.
No pasa nada por sentir incertidumbre. Lo estoy haciendo lo mejor que puedo.

¡Mi yo libre!

¿Qué sientes ahora que dedicaste este tiempo a conocer tu TOC más a fondo? ¿Tal vez más ansiedad? ¿O más esperanza? O quizá aún no ha cambiado mucho, pero va a estar bien. No es fácil emprender este viaje, y avanzar no siempre será un camino de rosas. Estás aprendiendo a resistir las continuas tentaciones de tu TOC y dejando que salga a relucir tu mejor yo.

El progreso no consiste en eliminar todos los pensamientos intrusivos o en eliminar la ansiedad, sino en aprender a convivir con la incertidumbre de un modo resiliente y autocomprensivo. Cada paso que das para contener las compulsiones y tolerar la incomodidad es un triunfo. Y esos triunfos, por pequeños que parezcan, son verdaderos hitos en tu progreso. Tus esfuerzos por dejar las cosas sin comprobar te aportarán una mayor confianza y reducirán la ansiedad. Celebra tu valentía, honra tus esfuerzos y concédete el crédito que te mereces. Estás haciendo un trabajo increíble, y ese logro, cada día que pasa, es digno de reconocimiento.

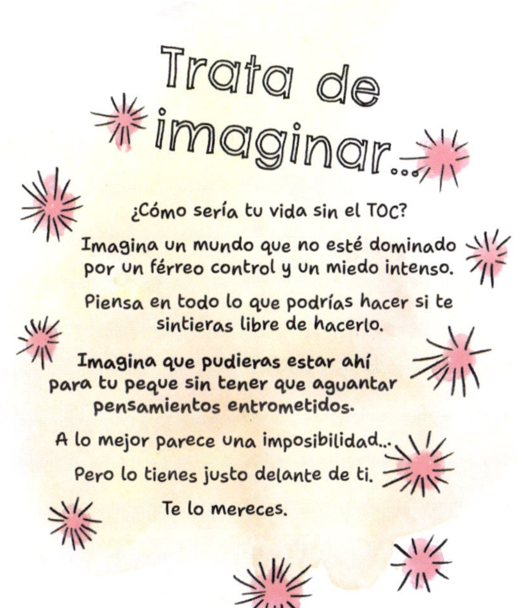

Recursos

Si estás sufriendo una crisis:

- Llama al 911 o acude a las urgencias más cercanas.
- Ponte en contacto con tu profesional de la salud.
- Llama a la línea de atención de la conducta suicida 1-800-273-TALK (8255); TTY: 1-800-799-4TTY (4889).
- Línea de texto en caso de crisis: Envía HOME al 741741 para obtener ayuda confidencial las 24 horas del día, los 7 días de la semana, en los Estados Unidos.

Apoyo e información

Las siguientes organizaciones especializadas ofrecen asesoramiento, tratamiento, educación y apoyo para las mujeres en período perinatal y sus familias, así como a los profesionales que trabajan con ellas.

- The Postpartum Stress Center: *postpartumstress.com*
- Postpartum Support International: *postpartum.net,* 800.944.4PPD (4773)
- Policy Center for Maternal Mental Health: *policycentermmh.org*
- The Motherhood Center of NY: *themotherhoodcenter.com*
- Seleni Institute: *seleni.org*
- Massachusetts Child Psychiatry Access Program for Moms (MCPAP): *mcpapformoms.org*
- Massachusetts General Hospital Center for Women's Mental Health: *womensmentalhealth.org*
- National Institute of Mental Health (NIMH): *nimh.nih.gov/health/topics/women-and-mental-health/index.shtml*
- International OCD Foundation: *Iocdf.org*

Referencias

Abramowitz, J. S., Meltzer-Brody, S., Leserman, J., Killenberg, S., Rinaldi, K., Mahaffey, B. L., & Pedersen, C. (2010). Obsessional thoughts and compulsive behaviors in a sample of women with postpartum mood symptoms. *Archives of Women's Mental Health*, 13, 523-530.

Abramowitz, J. S., Schwartz, S. A., Moore, K. M., & Luenzmann, K. R. (2003). Obsessive compulsive symptoms in pregnancy and the puerperium: A review of the literature. *Journal of Anxiety Disorders*, 17(4), 461-478. https://doi.org/10.1016/S0887-6185(02)00206-2

Barba-Müller, E., Craddock, S., Carmona, S., & Hoekzema, E. (2019). Brain plasticity in pregnancy and the postpartum period: Links to maternal caregiving and mental health. *Archives of Women's Mental Health*, 22(2), 289–299. https://doi.org/10.1007/s00737-018-0889-z

Bloch, M. H., McGuire, J., Landeros-Weisenberger, A., Leckman, J. F., & Pittenger, C. (2010). Meta-analysis of the dose-response relationship of SSRI in obsessive-compulsive disorder. *Molecular Psychiatry*, 15(8), 850–855. https://doi.org/10.1038/mp.2009.50

Blum, S., Mack, J. T., Weise, V., Kopp, M., Asselmann, E., Martini, J., & Garthus-Niegel, S. (2022). The impact of postpartum obsessive-compulsive symptoms on child development and the mediating role of the parent–child relationship: A prospective longitudinal study. *Frontiers in Psychiatry*, 13. https://doi.org/10.3389/fpsyt.2022.886347

Collardeau, F., Corbyn, B., Abramowitz, J., Janssen, P. A., Woody, S., & Fairbrother, N. (2019). Maternal unwanted and intrusive thoughts of infant-related harm, obsessive-compulsive disorder and depression in the perinatal period: Study protocol. *BMC Psychiatry*, 19(1), 94. https://doi.org/10.1186/s12888-019-2067-x

Foa, E. B. (2010). Cognitive behavioral therapy of obsessive-compulsive disorder. *Dialogues in Clinical Neuroscience*, 12(2), 199–207. https://doi.org/10.31887/DCNS.2010.12.2/efoa

Foa, E. B., Yadin, E., & Lichner, T. K. (2012). *Exposure and response (ritual) prevention for obsessive-compulsive disorder: Therapist guide* (2nd ed.). Oxford University Press.

Garcia, K., Mancuso, A., & Le, H. N. (2023). Mothers' experiences of perinatal obsessive compulsive disorder. *Journal of Reproductive and Infant Psychology*, 41(4), 445-455.

Hazari, N., Narayanaswamy, J. C., & Arumugham, S. S. (2016). Predictors of response to serotonin reuptake inhibitors in obsessive-compulsive disorder. *Expert Review of Neurotherapeutics*, 16(10), 1175–1191. https://doi.org/10.1080/14737175.2016.1199960

Hezel, D. M., & Simpson, H. B. (2019). Exposure and response prevention for obsessive-compulsive disorder: A review and new directions. *Indian Journal of Psychiatry*, 61(Suppl 1), S85–S92. https://doi.org/10.4103/psychiatry.IndianJPsychiatry_516_18

Hudak, R., & Wisner, K. L. (2012). Diagnosis and treatment of postpartum obsessions and compulsions that involve infant harm. *American Journal of Psychiatry*, 169(4), 360–363. https://doi.org/10.1176/appi.ajp.2011.11050667

Kleiman, K. (2019). *Good moms have scary thoughts: A healing guide to the secret fears of new mothers*. Familius.

Kleiman, K. (2021). *What about us? A new parents guide to safeguard your over-anxious, over-extended, sleep-deprived relationship*. Familius.

Law, C., & Boisseau, C. L. (2019). Exposure and response prevention in the treatment of obsessive-compulsive disorder: Current perspectives. *Psychology Research and Behavior Management*, 12, 1167–1174. https://doi.org/10.2147/PRBM.S211117

Miller, E. S., Hoxha, D., Wisner, K. L., & Gossett, D. R. (2015). Obsessions and compulsions in postpartum women without obsessive compulsive disorder. *Journal of Women's Health*, 24(10), 825–830. https://doi.org/10.1089/jwh.2014.5063

Stewart, L. A., & Brown, M. M. (2021). Cognitive-behavioral therapy and pharmacotherapy for obsessive-compulsive disorder: A systematic review. *Psychiatry Research*, 295, 113586. https://doi.org/10.1016/j.psychres.2020.113586

Timpano, K. R., Abramowitz, J. S., Mahaffey, B. L., Mitchell, M. A., & Schmidt, N. B. (2011). Efficacy of a prevention program for postpartum obsessive–compulsive symptoms. *Journal of Psychiatric Research*, 45(11), 1511–1517.

Wolf, N., van Oppen, P., Hoogendoorn, A. W., van den Heuvel, O. A., van Megen, H. J. G. M., Broekhuizen, A., Kampman, M., Cath, D. C., Schruers, K. R. J., van Es, S. M., Opdam, T., van Balkom, A. J. L. M., & Visser, H. A. D. (2024). Inference-based cognitive behavioral therapy versus cognitive behavioral therapy for obsessive-compulsive disorder: A multisite randomized controlled non-inferiority trial. *Psychotherapy and Psychosomatics*, 93(6), 397–411. https://doi.org/10.1159/000541508

Acerca de los autores

Karen Kleiman, con un máster en Trabajo Social y licencia para trabajo social clínico, es fundadora de the Postpartum Stress Center, LLC (Centro de Estrés Posparto) y the Karen Kleiman Training Center, LLC (Centro de Capacitación Karen Kleiman). Además de ello, es psicoterapeuta y una pionera internacionalmente reconocida en el campo de la salud mental materna. Es autora de más de una docena de libros revolucionarios sobre la depresión y la ansiedad posparto.

Noah Suzuki es director de programación del Karen Kleiman Training Center y terapeuta jefe del Postpartum Stress Center. Cuenta con una amplia experiencia en el tratamiento del TOC perinatal y es el principal vocero para la capacitación del personal clínico perinatal en estos tratamientos.

Acerca de la ilustradora

Molly McIntyre es artista, ilustradora y animadora residente en Brooklyn, Nueva York, con su familia. Su trabajo ha aparecido en la serie de Netflix próxima a estrenarse, *Worn Stories*, en el libro *Good Moms Have Scary Thoughts* (Karen Kleiman, Familius) y en la revista *Bitch*, así como también en *Everyday Feminism*, *Scary Mommy* y *Psychology Today*, y en exposiciones a lo largo y ancho de Estados Unidos y Japón.

Acerca de Familius

Familius es una editorial internacional que publica libros y otros contenidos para ayudar a las familias a ser felices. Creemos que las familias felices son la clave para una sociedad mejor y la base de una vida feliz. La labor más importante que cualquiera pueda realizar tendrá lugar entre las paredes de su propio hogar. ¡Y no nos referimos a pasar la aspiradora! Reconocemos que cada familia es diferente y creemos firmemente en ayudar a todas las familias a encontrar una mayor alegría, sea cual sea su situación. Con ese fin, publicamos hermosos libros que ayudan a las familias a vivir nuestros 10 hábitos para una vida familiar feliz: *amar juntos, jugar juntos, aprender juntos, trabajar juntos, hablar juntos, sanar juntos, leer juntos, comer juntos, dar juntos,* y *reír juntos*. Además, Familius no discrimina por motivos de raza, color, religión, género, edad, nacionalidad, discapacidad, casta u orientación sexual en ninguna de sus actividades u operaciones. Fundada en 2012, Familius tiene su sede en Sanger, California.

Contáctenos

Facebook: www.facebook.com/familiusbooks
Pinterest: www.pinterest.com/familiusbooks
Instagram: @FamiliusBooks
TikTok: @FamiliusBooks

La labor más importante que jamás harás será dentro de las paredes de tu propio hogar.